ブ ー バ ー

平 石 善 司 著

人と思想シリーズ

日本基督教団出版部

Martin Buber

刊行のことば

この企画の志しているところは、一方教会の知識層のために啓蒙的な読物を準備し、他方大学の教養課程学生のため、人文系の背景的なまた側面的な読書資料を提供しようとする点にある。端的にいうと、歴史上と現代におけるキリスト教と結びついた代表的思想家の人と思想とを、今日の若い世代の人々の机上におくろうというのが、このシリーズの目的である。

新制大学の一つのたいせつなねらいは、一般教養の重視にあるといわれる。これは教育の根本的目標を人間形成におこうとする考えで、専門的、職業的な研究に進む場合でも、まず一般的な教養を修め、その基礎の上に研究を進めることを要望している。教養科目を省いて直ちに専門化、職業化に進む方が能率的なように一応考えられるが、人間形成という角度からみると、これは短見であることを免れない。教養を重視すると否とは、成人して社会人となった後の人間の正常さとゆたかさ、また視野のひろさと将来の成長の上に、大きな相違をもたらすに至るのである。

教養科目のうちでは、今日は、自然科学と社会科学とが重視され、人文科学が軽視されている時代だといえるだろう。自然科学と社会科学の重要視は望ましく正しいが、しかしそのために、哲学とか倫理とか宗教とか歴史とか芸術といった人文系の学問が軽んぜられるようになると、それは教養における偏向であり、長い眼でみると、歪められた人間の形成を将来するようになることをおそれる。狭義の科学による客観的な訓練だけでは、人間が物理的、生理的、環境的にだけ考えられるようになり、人間の精神的方面の現解に欠陥をきたし、人間生活における価値の評価と味わいとを失い、さらに〝私〟が責任をもって人格的に決断するという、自由な主体的なものを欠くようになる危険がある。いずれにしても人文系の学問は、人間の教養に、またゆたかな人間形成に必須である。

こうした意図からわたしたちは、日本基督教団出版部の依嘱の下に、ここにキリスト教関係の領域から、一連の代表的思想家を選び出した。幸いにしてこのことのために、年輩のかたがたとともに多くの若く新しい著者の参加を得たことを心から喜んでいる。

人の世の若い日に、読書において出会うすぐれた人物は、その人のため、しばしば生涯を貫くよい教師また心の友となる。ここに収められた人と思想とが、今日の若い世代の人々の将来に大きな意味をもたらすことを信じ、かつ期待して、このシリーズを世におくる次第である。

一九六〇年秋

大塚節治
桑田秀延
松村克己

目次

II　ハシディズム

――ブーバーの思想的源泉――

III　われとなんじ

――対話の世界――

装丁・恩地　邦郎

はじめに

旧約聖書「創世記」第一一章一―九節に有名なバベルの塔の物語がしるされている。それによれば、その昔、全地は同じ発音、同じ言葉であった。ところが、人間は町と塔を建てて、その頂を天にとどかせ、彼らの名をあげて、全地のおもてに散るのを免れようとした。時に、神はこの高慢な人間を怒って、彼らを全地のおもてに散らし、またその言葉を乱して、互いに通じないようにしたというのである。

このバベルの塔の物語ほど、現代の人間の状況をもっともよく現わしているものはない。今日の人間は、その言葉が乱れ、意志の疎通を欠いた結果、相互に不信の孤立状態に置かれている。個人と個人、階級と階級、国家と国家、人種と人種、あるいはイデオロギーとイデオロギー、またドグマとドグマは互いに対立し、共に語り合うべき言葉を失っている。この言葉の喪失は、人間をさらにはげしい憎みと戦いの悲劇的破局へと駆りたてている。このように、言葉の喪失は、同時にまた人間性の喪失を意味するであろう。現在われわれが体験しつつある多くの危機の現象は、根源的には人間の言葉の喪失からひき起こされた病的症状であるといっても過言ではない。現代の危機は、それほど深くその病根を、言葉の喪失という人間性の内部に宿しているのである。したがって、このような危機を通してわれわれ人間に問われていることは、いかにしてその失われた言葉を回復し、再び人間の一致をもたらすかということであろう。このことはただに政治・経済・社会の問題につきるのではなく、さらにふかく今日の人間の「病める魂」にかかわる問題であるといわなければならない。

ところで、以上のような現代の人間の危機は、ルネッサンスに始まる近世的人間観にその原因をもつというべきであろう。周知のように、ルネッサンスは「人間の発見」、「個の自覚」の時代といわれるが、そこで発見された人間とは、「認識主観」として理性的一般者のなかに解消されるか、または「欲求の主体」として自然的、あるいは社会的一般者のなかに埋没されるかのいずれかであって、真の個体としての具体的現実存在ではなく、したがって、また、それら相互の真の具体的連帯性を欠く存在とならざるをえなかったのである。そのうえ、今日の科学技術の急速な進歩や社会組織の巨大化は、人間存在を一段と規格化、平均化し、ますます自己を喪失せしめる結果となったのである。このような人間疎外の傾向に対して、本来的自己を取りもどし、何ものにも解消されず、また何ものとも代置しえない、具体的現実存在としての個の立場を強調する、いわゆる実存主義の運動が起ったのである。この実存主義の運動が、十九世紀の中葉から後半にかけて、キルケゴールやニーチェによって始められ、とくに第一次大戦後のヨーロッパに広まったことは周知のとおりであろう。しかし、真の実存が自己自身とのかかわりにおいて成立するか、あるいは他者との関係性において成立するか、そこには根本問題が残されているのである。一般に、多くの哲学的実存主義者は前者の道を歩むのであるが、けっきょくそれは一種の独在論(Solipsismus)に陥り、近世的人間を超克するどころではなく、かえってそのなかに閉じこもることとなるのではなかろうか。これに対して、真の実存は孤独な単独者としてあるのではなく、「なんじ」と呼びうる他者との人格的関係においてのみ可能となるのではなかろうか。また、このような他者の発見においてこそ、近世的人間を超克する真の方向が示されているのではなかろうか。もしそうであるならば、この他者との関係性はいかにして成立するのであろうか。

以上のような時代の問題を一身にひきうけてそれと対決し、その根拠を明らかにすることによって、来たるべき新たな世界の方向を、指示しようとした先駆者が、ここに取りあげたマルチン・ブーバーである。彼が一九二三年その画期的名著『われとなんじ』(Ich und Du)を出版して以来、その名声は新しい時代の思想家・預言者・指導者、あるいは「ハシディズム」の使徒、また旧約聖書のドイツ語翻訳者などとして、全世界に広まってきたのである。周知のように、ブーバーは現代のもっとも優れたユダヤ人哲学者であったが、彼の影響は単にユダヤ人の世界に限られているのではなく、人種や宗教を越えて、現代の宗教・哲学・社会思想・教育、また精神病理学やその他の広般な領域に及んでいる。しかし、ブーバーの偉大さを単に彼の思想体系にのみ求めようとするならば、そのことは決して彼を正しく理解するゆえんではない。彼自ら語っているように、彼のもっているものは教えではなく、真の方向を指し示す働きであるというべきであろう。すなわち、彼にとって究極的な関心事は、実在との出会いに真の生の方向を見いだすことであって、それについての論理的体系や独断的教義を構成することではなかったのである。一般に、ブーバーの著作は必ずしも容易であるとはいえないが、それに接する多くの人々がその人間的魅力のとりことなるといわれる理由もここにあるであろう。彼の著作は、そのどれを取ってみても、格調高い詩的香りをたたえた、生命の深い知恵に包まれているばかりでなく、それをすなおに受けいれるものの心の内奥に浸透し、その存在を根底から新たにつくりかえる迫力をもっている。このような力にふれることによって、この危機の時代に「住むべき家」をもたない今日の人間は、神と世界、および人間に対して失われた言葉を取りもどすことができるであろう。この意味において、ブーバーの書物は頭で読むのではなく、心をもって読むべきものといえよう。またこの点にこそブーバーを真に理解する鍵があるといわなければならない。

さて、以上のような観点から、ブーバーの人と思想を理解するために、まず彼の生涯の叙述から出発しよう。

I　生　涯

――狭い尾根(1)の道――

一　時代的背景

マルチン・ブーバー（Martin Buber）の生涯は、十九世紀の後半から二十世紀の今日に至るまで、東ヨーロッパのユダヤ人のたどってきたきびしい運命の歴史を離れて考えることはできない。その間に二つの世界大戦をはさむこの時期は、ユダヤ人のみでなく、他のすべての民族にとっても、非常に苦しい受難の時であったことはいうまでもない。しかし、とりわけ、東ヨーロッパのユダヤ人は彼らの歴史のなかで、かつて経験したことのないほど波乱にとんだ苛酷な試練を受けたのである。「ハスカラ」（東ヨーロッパのユダヤ人の間に起こった啓蒙運動）、「シオニズム」（ユダヤ人の祖国再建運動）、「ナチスのユダヤ人虐殺」、「イスラエル共和国の成立」――すべてこれら苦難と希望にみちた今日のユダヤ人の運命の歩みが、そのままブーバーの生涯を象徴するものといえよう。しかしながら、彼はこのはげしい時代の急流のなかで、ただむなしくそれを傍観していたのではない。ちょうど昔の預言者のように、彼もまた自らをその激流に投じ、神と人の前に新しい歴史を創るものとして、その全生涯を捧げてきたのである。

ところで、ブーバーの生涯を象徴する「ハスカラ」、「シオニズム」、「ナチスのユダヤ人虐殺」、「イスラエル共和国の成立」などの一連の歴史的事象のなかで、ブーバーの生まれた当時の東ヨーロッパのユダヤ人の精神的状況をもっともよく表わしているものが「ハスカラ」の運動である。一般に、「ハスカラ」(Haskalah) とは、十九世紀の後半、東ヨーロッパのユダヤ人の間に起こった一種の啓蒙運動を指していうのである。その目的とするところは、彼らユダヤ人が旧来の閉鎖的な無知蒙昧の状態から脱却し、ヨーロッパの近代文化に適応する新しい生活態度を確立することであった。周知のように、ヨーロッパのユダヤ人は、すでにローマ時代から宗教的および経済的理由のために、他のヨーロッパ人から不当な差別や残酷な迫害を受けてきたのであるが、生活面においては彼らと共通の地盤に立っていたのである。ところが、ルネッサンス以降、彼ら両者の間には、生活面においても深い断層が現われてきたのである。すなわち、ヨーロッパ全体が、「個」のめざめと共に、急速に近代化の方向へ進み、いわゆる身分社会から契約社会へと移行し、「個」が新しい社会の基本的単位として自覚されつつあったのに対して、ユダヤ人は依然として保守的な封建生活のわくのなかにとり残されていたのである。けれども、彼らのみ、いつまでも周囲の社会と没交渉に、自己の閉鎖的世界にとどまることが許されなかったことはいうまでもない。したがって、ユダヤ人自身の側においても、旧来の伝統的生活の壁をその内部からうち破り、「個」の自覚を高めると共に、彼らが居住する国家の文化と生活にできる限り同化するように、生活態度それ自体を革新する、新しい精神的啓蒙運動の必要に迫られたのである。(2)

ところで、このような啓蒙運動の積極的推進の機運は、むしろその外部から与えられたユダヤ人の解放運動の結果に負うところが多大であった。一般に、ユダヤ人の解放はアメリカの植民地から始まったのであるが、ヨーロッパにおいても部分的には、オーストリアで一七八二年、皇帝ヨーゼフ二世がユダヤ人に対する「寛容特許令」を発布し、ユダヤ人に強制されていた「特殊服」の廃止と、商業や教育上の機会均等を許している。しかし、ヨーロッパ全体におけるユダヤ人解放運動の真の推進力となったのはフランス革命であった。一七九一年のフランス国民議会はユダヤ人にフランス市民権を与えることを宣言し、またその後ナポレオンの軍隊は至るところでユダヤ人を解放して進んだといわれている。ところが、ヨーロッパにおけるユダヤ人の完全な解放が実現したのは一八四八年の二月革命の影響が全ヨーロッパに広まってからである。ここにヨーロッパのユダヤ人は彼らの居住地区として隔離されていた「ゲットー」(Ghetto) から解放され、政治的、経済的および社会的自由を獲得するようになったのである。このように、外部から与えられたユダヤ人解放の気運に対応して、ユダヤ人の側からも、彼ら自身の啓蒙運動が推進されたとしても決して不思議ではない。

さて、ユダヤ人の啓蒙運動は西ヨーロッパではすでにはやくからモーゼス・メンデルスゾーンなどによって推進されてきたが、東ヨーロッパではそれより約一世紀近くおくれ、クロホマールやラポポルトなどによって始められたのである。総じて、西ヨーロッパの啓蒙運動がヨーロッパ文化と同化するために、かえってユダヤ的伝統の否定の方向へ進んだのに対して、東ヨーロッパのそれは、むしろその反対に、ユダヤ精神のルネッサンスを伴った点にその特質があったのである。しかしながら、その半面、このような啓蒙運動に対して、真のユダヤ精神の自由化・世俗化をはかるものとして、正統派のユダヤ教徒の側から、はげしい反対運動が起こされたことも看過するわけにはゆかない。けれども、ユダヤ人の解放を目指すこの運動は、もはやそれによって抑圧することのできないほど、彼ら自身の必然的な内的要求として広まりつつあったのである。ブーバーの祖父ソロモン・ブーバー (Solomon Buber) は、ポーランドのガリチア地方における有力な「ハスカラ」の指導者であったといわれている。したがって、幼時からこのような祖父のもとで養育されたブーバーが、すでに幼少のころからその雰囲気にひたっていたことはいうまでもない。このようにして、ブーバーの精神生活の二つの重要な文柱である、ヨーロッパ文化に対する深い認識と伝統的なユダヤ精神の自覚は、すでにはやくから彼の魂のなかに培われつつあったというべきであろう。

ところで、ブーバーは、彼の思想形成に決定的影響を与えたと思われる幼少時代からの思い出を、その著作のところどころで語っている。われわれは、今ここに、これら幾つかの思い出を集めた彼の小著『出会い——自叙伝的断片』(Begegnung——Autobiographische Fragmente, 1960)、およびそれ以外の著作に現われている彼の回想を中心として、ブーバーの生涯を考えてみよう。とくに、ブーバーのように、思想が端的に生活のなかに溶けこみ、また生活が思想の生きた証言であるような場合、その生涯の考察は、彼の思想を知るうえに非常に重要な意味をもつものといわなければならない。

二　少年時代

マルチン・ブーバーは一八七八年二月八日ウィーンに生まれている。三歳の時、両親の不幸な離婚の結果、当時オーストリアの帝室直轄地ガリチアの首都ルヴォゥ（Lwow）——ドイツ名はレムベルク（Lemberg）——に住んでいた父側の祖父ソロモン・ブーバーのもとにひきとられ、この地で養育されている。

彼の祖父母は二人とも高貴な人柄であったのみでなく、両親の場合とは異なって、琴瑟《しっ》相和し長短相補う理想的な夫婦であったようである。もともと、祖父はこの地方の大地主であったほかに、雑穀商を営み、また当時のオーストリア＝ロシア国境の燐灰鉱の所有者でもあった。それに加えて、彼はまた独自の判断をもつ学識経験者として、この地方のユダヤ人社会や町の商業会議所などで重要な指導的地位を占めていたのである。しかし、その反面、家業の方はまったく祖母に任せきりであったといわれている。

以上のほかに彼の祖父は独学ではあったが、真のヘブル古典学者で、とくに「ミドラシュ[3]」（Midrash）の熱心な研究家として有名であった。彼は西欧の学者の言語学的方法を学んだわけではないが、彼らの学的正確さと、同時にタルムード学者の知恵をもって写本の研究に従事したのである。祖父が絶え間ない研究のなかに示した精神的情熱は、純粋の人間とは、そして真のユダヤ人とはいかなるものであるか、無垢な子供心に深い感銘を与えたようである。このように、祖父はユダヤ教について考えるというよりも、むしろそのなかに生きていたような人であった。ブーバーがこの祖父のもとで受けたヘブル聖書やヘブル語に関する基礎的教養が、その後の彼の生涯にとっていかに重要な意味をもつようになったか、ここにいうまでもなく明らかであろう。

祖母アデーレ（Adele）は昔風のユダヤ婦人で、自分の夫に研究の自由と閑暇をつくるために、細心の注意をはらって家業を守るような種類の女性であった。彼女はガリチア地方の小さい田舎町の出身であるが、そこのユダヤ人社会では外国書を読むことは禁じられ、とくに少女の場合、二、三の通俗的な宗教的文学書を除いて、すべて読書は不穏当と考えられていた。しかし、生来文学好きの彼女は、少女時代から倉庫のなかにシラー編集の Die Horen 誌、ジャン・ポールの教育書 Levana 、その他多くのドイツ語の書物の隠し場所をつくり、それらをひそかに、しかも徹底的に読んだといわれている。彼女は一七歳で結婚した時、これらの書物と一緒に、読書に専心する習慣も持参したのである。このような祖母であったがゆえに、彼女はふたりの子供に正しい言葉を尊敬するようしつけてきたが、ブーバーもまたそれと同様の教育を受けてきたのである。祖父も言葉を愛する真の言語学者であったが、祖母の正しい言葉に対する愛情はそれ以上につよい影響を彼に与えたようである。ブーバーは一〇歳でギムナージウム（高等中学校）に入学するまでは、家庭で語学を中心とした個人教育を受けているが、それは彼の生まれつきの天分と好みによるのみでなく、同様にまた彼の祖母が語学中心の人文教育が教育の正道であると考えたからである。このようにして、ブーバーはすでに幼少の時から言葉の世界に対してつよい関心を抱くようになったのであるが、とくに言葉の多様性の問題は彼をひどく悩ましたといわれている。

ブーバーは九歳のころから毎夏父親の家で過ごす習慣であったが、一四歳になって祖父の家を完全にひきあげ、父親のもとへ帰っている。ブーバーの精神的成長に与えた父親の影響は、祖父母のそれとはまったく異なったものであった。彼の父親は、祖父母のように、決して精神的といえる人柄ではなかったようであるが、はやくから農業に熱心に従事し、その方面では地方で知られた代表的人物であった。このように、父親はその時代の農業技術に精通した実際的、現実的人間であった半面、家畜や穀物に対しては、単に愛情以上の深い人格的態度でのぞむ、優しい精神の所有者でもあった。ブーバーは人間と自然との真の積極的、応答的交わりをもっとも大切と考える父親の態度に接して、多くの読書から経験しなかったあるものを学びとることができたといっている。また、父親の人間に対する態度も自然に対する態度と密接に関係していたようである。彼は屋敷内の下僕や小作人たちの生活に深い関心をもち、彼らの家庭生活、子供の教育や学校、病人や老人のことまで気にかけていたが、それは単に義務意識以上の人格的深みからくる世話であった。また、彼は闇雲な慈善をひどく嫌っていたが、それにもかかわらず晩年レムベルクのユダヤ人社会の食糧委員に選ばれた時には、貧困者や彼らの要求を探し求めて、家々を飽くことなく歴訪したといわれている。このようなことは、真の交わりの精神による以外には、決して起こりえなかったことであろう。

さらに、ブーバーはもっとも古い思い出として母親について語っている。両親の間の不幸な出来事が彼の面前で話されなかったことは当然であるが、彼もまた、たとえ子供心に母親に会いたいと願っても、彼女のことを口に出して聞くすべを知らなかったのである。彼が四歳のころ、祖母が子守りに頼んだ近所の年上の娘と祖父の屋敷の内庭に面したバルコニーの手すりにもたれていた時——彼はその遊び仲間に母親のことをたずねたかどうか記憶していないが——彼女が「いいえ、お母さんは決して帰ってきませんよ」といった言葉が、今なお彼の耳に残っていると述べている。このことは年を経るにしたがって、彼の心にますますこびりついてきたようであるが、ほぼ十年たってから、それはただ自分のみの問題ではなく、人間のかかわるあるものとして感じ始めたのである。その後、彼はいがみ合いという言葉を、いわば、人間相互の現実的出会いのあやまちを指す言葉として解釈するようになったのである。さらに、二〇年後、彼の母親が遠方から彼と彼の妻子を訪ねてきた時、彼はこのいがみ合いという言葉を彼自身に語られた言葉として受けとることなしには、今なお驚くほど美しい母親の目を見つめることができなかったといっている。ブーバーがその生涯を通して、出会い (Begegnung) ということについて経験したすべてのことは、バルコニーのこの瞬間に始まると考えているほど、このバルコニーの事件は彼の人生にとって決定的意味をもったのである。

ブーバーは一〇歳の時、「フランツ・ヨーゼフ・ギムナージウム」(Franz-Josefs-Gymnasium)という高等中学校に入学している。この学校の生徒の大部分はポーランド人で、それに少数のユダヤ人が加わっていたが、授業はすべてポーランド語で行なわれていた(ロシア人は別に彼らの学校をもっていた)。生徒たちは、ポーランド人もユダヤ人も、個人的には互いに親しく交わっていたようである。幸いなことに、この学校にはとくに明白な反ユダヤ的な悪感情も、またユダヤ人に対する非寛容な、あるいはそれを装おうとする一人の教師もいなかった。しかし、それにもかかわらず、毎朝八時に行なわれるキリスト教の礼拝の最中、ユダヤ人生徒が起立したまま不動の姿勢で目を伏して、それが終わるのを待たなければならなかったことは、「強制された客」であるブーバーにとって、宗教的迫害以上の意地悪さを意味したのである。しかも、毎朝八年間もこのことを耐え忍ばなければならなかったということは、いかに深い精神的苦痛を彼に与えたか想像するにかたくない。もちろん、この学校ではユダヤ人生徒のキリスト教への改宗を強いる試みはなにもなされたわけではないが、この時の経験がブーバーの心のなかに、すべて伝道ということに対して――キリスト教の伝道のみでなく、ある特定の信仰と結合したすべての伝道に対して――つよい反抗心を植えつけたのである。この点について、いかにそれが強固なものであったか、後年彼の親友となった哲学者ローゼンツヴァイクでさえ、異教徒に対するユダヤ教の伝道という考えをついに彼に説得することができなかったという事実によっても明らかであろう。

三　哲学的懐疑

ブーバーが哲学に対して深い関心を抱くようになったのは、ちょうどこのころのことであった。「わたしの少年時代に、哲学は二度、二冊の書物の姿で、直接わたしの存在に食い込んできた。それはわたしの一五歳と一七歳の時であった」(Begegnung, S.16)。当時、彼は学校で主としてプラトンを中心とした哲学教育を受けていたが、以上のことはそれとはまったく無関係に起こった出来事であった。ここにブーバーがあげている二冊の書物とは、カントの『プロレゴーメナ』とニーチェの『ツァラトゥストラ』とである。前者の場合、哲学は彼の精神的破局の状態を解決し救いを与えるものとして現われたが、それに対して後者の場合、哲学は彼の心を揺り動かしたのみでなく、さらに崇高な陶酔の世界へと導いたのである。

では、少年ブーバーを精神的破局の状態にかり立てた問題とは何であろうか。端的にいって、それはかつてパスカルを苦しめた問題と同一の問題であった。すなわち、人間はこの無限の空間のなかにあって何ものであろうかということである。コペルニクスによって新しく導入された無限空間の概念は、最初ブルーノによって世界の壮大さとして、さらにケプラーによって数学的調和として、また後にはカントによって星空の下の崇高さとして理解されたが、パスカルはそれを人間の存在をおびやかす無気味な恐ろしいものとして自覚したのである。「この無限の空間の永遠の沈黙はわたしをおびえさせる」(Pensées, 206)。この無限性の印象によって、空間一般が、有限なものも無限なものも同様に、パスカルにとって無気味なものと思われたのである。なぜなら、実際にある有限の空間を想像しようとすることは、無限の空間の場合と同様に、危険きわまる企てであって、人間は世界に敵対しうるものではないというみじめな意識をつよく呼び起こすからである。

ブーバーは以上のようなことを、一五歳の時、彼の全生命が根底から揺り動かされるような仕方で体験したのである。当時、彼は不可解な強制力に捕えられて、再三再四、空間の限界か、あるいは限界のない空間を、また初めと終わりのある時間か、あるいは初めも終わりもない時間を想像しようと試みないではいられなかった。両者とも同じ程度に不可解な、明白さを欠く事柄であったが、彼にとってはいずれか一方を選ぶ道が残されていると思われ、抵抗しがたい強制の下に、一方から他方へとよろめき、時には精神的な危機状態に陥り、自殺によってそれからのがれようとさえ真剣に考えたほど、追い込まれていたのである。この時、少年ブーバーに救いをもたらした一冊の書物が、カントの『未来の形而上学へのプロレゴーメナ』(Prolegomena zu einer jeden künftigen Metaphysik) だったのである。ブーバーはこの書物をあえて読むことによって (なぜなら、それは学生用ではなく、未来の教師のために書かれたものであったがゆえに)、空間と時間とは事物に関する人間の直観が必然的に生み出す形式にすぎないこと、したがってそれらは世界の内部にではなく、人間の感覚の性質に属していること、さらにまた世界が空間的、時間的に無限であるということも、有限であるということも、宇宙論的理念の二律背反として、共に不可解であることを教えられたのである。これらのことを学んだ時、彼はもはや上述のような問題で強いて自らを苦しめることをやめたのである。ただにそれのみでなく、ブーバーはすでにそのころから、無限なるものとも、また有限なるものとも異なった「永遠なるもの」(das Ewige) が存在すること、しかも人間とこの「永遠なるもの」との間にはある結合の可能性がありうるということを予感し始めたのである (vgl. Problem, S. 39f)。ブーバーは以上のような深刻な哲学的懐疑から解放された当時のことを回想して、「カントの私への当時の贈り物は哲学的自由であった」(Begegnung, S. 18) と述べている。

それから二年後、ブーバーは他の書物、すなわち、実際同じ哲学者の著作でありながら決して哲学的でない、ニーチェの『ツァラトゥストラかく語りき』(Also sprach Zarathustra)によって心を奪われている。この書物は、その著者によって「かつて人類に与えられた最大の贈り物」(vgl. Ecce Homo)であると記されているが、ブーバーにとっては贈り物どころではなく、むしろ突如として襲いかかり、自由を奪い去るというふうのものであった。とくに、ニーチェがこの書物の根本概念として時間を「同一者の永遠回帰」と解釈しようとしたことは、彼に深い感銘を与えたようである。すでに述べたように、ブーバーは哲学的関心を抱くようになってから、空間や時間の問題に悩まされていたが、とりわけ時間の問題は空間のそれに劣らないほどつよく彼を苦しめたのである。彼がここに問題とした時間とは、人間がその中に生きる世界の実在としての根源的時間であった。このような時間はそれ自体不条理で無気味な様相をもつものと思われ、通常の対象化された数学的、物理的時間概念をもってしてはいかんとも処理しえないものであった。彼がカントを通して、ひとまず、時間の問題の解決点に到達したことは明らかである。しかし、カントの感性の直観形式としての時間概念は、時間の成立する哲学的制約を解明するとしても、必ずしもそれによって時間そのものの謎が解決されたわけではない。この点、ニーチェの「同一者の永遠回帰」としての時間概念は、脱我的神秘体験の可能性を示すものとして、よりふかく時間問題の核心に迫るものといわなければならない。ブーバーがニーチェの『ツァラトゥストラ』によって崇高な陶酔の世界へ導かれたというのも、決して理由のないことではなかったのである。少年期のブーバーに与えたニーチェの影響は、ただ単に時間の問題に限られていたのではない。それはひろく彼の人生観・世界観の全体に及ぶものであった。たとえ、ブーバーの著作のなかに、ニーチェについて、二、三の論文を除いては、必ずしも多くの言及を見いだしえないとしても、彼がこの時代に受けたニーチェの影響は、その後もながく彼の思想を支配し、形式的にはその文体を初めとして、また内容的にはその生命主義的思惟のなかに、その足跡をうかがい知ることができるであろう。このように、ニーチェはブーバーの思想形成の上に非常に重要な役割を演じたのであるが、それにもかかわらず、その後の彼の精神的成長の過程において、ニーチェの思想はついに克服されるべき運命にあったことを看過してはならない。

次に、哲学に対する関心と共に、少年期のブーバーの精神生活にとって無視できない重要事は「ハシディズム」(Hasidism, Chassidismus) との出会いであろう。ここに「ハシディズム」というのは、ヘブル語で「敬虔なるもの」を意味する Hasid に由来し、とくに十八世紀の後半、バール・シェム・トブ (Baal Shem Tov——「よい名の主」) と呼ばれた、イスラエル・ベン・エリエゼル (Israel ben Eliezer, 1700—60) によってポーランドの片田舎に始められた、一種の神秘主義的色彩を濃厚にもつ、ユダヤ教内部の大衆的な信仰復興運動を指していうのである。この大衆的宗教運動はその内部に多くの迷信的、封建的要素を含み、その上ユダヤ教の正統派からはげしい弾圧を受けたにもかかわらず、上述の「ハスカラ」運動と相並んで、十八世紀の後半から十九世紀にかけて、東ヨーロッパのユダヤ人の間に、多大の勢力をもって広まりつつあったのである。しかし、これら、「ハスカラ」と「ハシディズム」とは同じユダヤ精神を背景として出発しながらも前者が合理的啓蒙運動であるのに対して、後者は感情的神秘主義であるかぎり、本質的に必ずしも調和するものではない。事実として、一方は他方を軽侮の目でみさげ、また他方は一方を正統的ラビ主義以上に敵視し、相互に対立的な敵対関係に置かれていたといわれている。けれども、これら両者は、いずれもユダヤ人の解放を目標とする点において、共通の目的をもつものであった。というのは、「ハスカラ」がユダヤ人の保守的な孤立主義の壁を破り、ヨーロッパの近代文化に向かってその窓を開こうとする外的運動であるとするならば、「ハシディズム」はすべてのユダヤ人に対して人間の価値と自由とを真に自覚させようとする内的運動であって、共にユダヤ人の解放を目指す点においては一致しているからである。この意味では、「ハスカラ」と「ハシディズム」とはそれぞれ別個のものではなく、むしろこれら両者の総合を試みるところに真の近世的ユダヤ主義の完成があるとみるべきであろう。この種の運動の先駆者としてモーゼス・ヘスやアハド・ハ・アム（Ahad Ha-am「民の一人」の意味）のペン・ネームで知られているアシェル・ギンツベルクなどの名があげられるが、ブーバーにおいてその真の完成者を見いだしうるのではなかろうか。まことに、少年ブーバーと「ハシディズム」との出会いは彼の全生涯を支配する決定的出来事となったのである。

ところで、ブーバーが「ハシディズム」に接するようになったのは、主として彼の父親の影響によるものであった。彼が少年時代毎夏父親のもとで過ごしていたころ、時折り父親につれられて、その地方の「ハシディズム」の中心地であったザダゴラ（Sadagora）の集会に出席し、直接にその実際の様子にふれたのである。そこには、もはや創始者時代の深い信仰や強い献身は生きていなかったとしても、子供心にも、ここに真の指導者、真の交わりの生活があることを、深く印象づけられたようである。事実、この少年は当時それが彼に何を意味し、また後年の彼の人生に何を意味するようになるか、まったく自覚しなかったとはいえ、すでにそのころから、共通の信仰と共通の霊的喜びをわかち合うことが、真の人間社会の基礎であるということを予感していたのである。その後、ブーバーは青年期の理性的めざめとともに、「ハシディズム」から遠ざかったのであるが、精神的中心を喪失した虚脱の数年間を経たのち、再び「ハシディズム」のなかに新しい生命の活路を見いだしたのも決して偶然ではない。

四　大学時代前後

一八九六年の夏、ブーバーはウィーン大学で勉学するために、生誕の地ウィーンに移っている。この時代はいわゆる後期ローマン主義の時期に属し、哲学者ではショーペンハウアーやニーチェがさかんに読まれ、また文学者ではゲオルゲやホフマンシュタール、ひきつづきリルケなどがはなやかに活躍した時代であった。ウィーン時代のブーバーは、一般のユダヤ人学生の多くがそうであったように、西欧文化の魅力のとりことなり、もっぱらその吸収につとめている。かつて祖父のもとで培われたユダヤ的教養も、また父親と共に出席した「ハシディズム」の集会のいきいきとした印象も、いまやすべて彼の脳裡から消え去ったのである。彼は古い都ウィーンのもつ豊かな知性と優美な文化的雰囲気のなかで、哲学、芸術史、また文学などの勉学に精進している。哲学ではヨードルやミュールナー、また芸術史ではウィークホフやリーグルなどの著名な学者に接したのもこの時であった。しかし、ここでの生活には、精神の固有な事実を間柄として教えられた、教師と学生との自由な秩序ある演習の一部を除いては、彼に深い影響を与える何ものもなかったようである。むしろ、彼がウィーンでもっとも多く得たものは、しばしば、時には毎日のように、四階の天井桟敷からのぞきみした観劇からであった。彼は舞台での正しい台詞のやりとりを通して、言葉の問題について深く考える機会が与えられたようである。その後、彼はこれと同様な経験をフィレンツェの劇場でももったと述べているが、このことはすでにこのころより「われとなんじ」の対話の問題が、彼の心のなかに芽ばえつつあったことを物語るよい例であるといえよう。

ウィーンに二学期とどまった後、ブーバーはライプチヒに移り、ここで二〇歳の誕生日を迎えている。ライプチヒでとくに彼の心を捕えたのはバッハの音楽であるが、さらに注目すべきことは、ユダヤ系の社会主義者ラサールに対して特別の興味を示していることである。ブーバーは、その後も、単なる学究生活に満足することなく、つねに社会思想の研究や社会的実践の問題に特殊の関心を示してきたが、その萠芽はすでにこの時代に始まるといっても過言ではない。彼は一八九八年の夏の学期ベルリンに移り、再びその冬の学期をライプチヒで過ごし、さらに一八九九年の夏学期はチューリヒで学んでいる。チューリヒ時代のブーバーにとって忘れることのできない出来事は、後に彼のよい伴侶となったミュンヘンからきたドイツ人の女子学生パウラ・ヴィンクラー（Paula Winkler）との出会いである。彼女はイタリアのルネッサンスに魅せられ、またユダヤ人の解放運動にも多大の関心を示すような、南ドイツの情熱と北ドイツの聡明さとを兼ねそなえ、また後にゲオルク・ムンク（Georg Munk）(4)のペン・ネームでいくつかの小説をものしたほど文筆の才に恵まれた女性であった。彼女との出会いがブーバーの生涯にとっていかに重要な意味をもったか、ここにいうまでもない。ところで、以上の諸大学では、哲学・芸術史・文学のほかに精神病理学・ドイツ語学・経済学などの講義も聴講している。このように、この時代のブーバーの学的関心の多方面の領域にわたっているにもかかわらず、後年とくに興味を示した宗教や東洋思想などの講義に対してはまったく無関心であったようである。しかし、このことは、当時、感覚主義の哲学者マッハ、またヴントやシュトウンプなどの心理学者の聴講生であり、また精神病理学の熱心な臨床学生であったブーバーのことを考えれば、むしろ当然のことであったといえよう。一八九九年の冬学期以来、彼は再びベルリンにとどまっている。

ベルリン時代のブーバーについて銘記すべきことは、ディルタイやジンメルとの出会いであろう。彼は一八九八年の夏学期、および一八九九年の冬学期以来ひきつづきこのふたりの著名な哲学者に師事している。彼らの「生哲学」は必ずしも直接的にブーバーの「対話の哲学」と一致するものではないが、ディルタイの精神科学の方法、具体的個体性の尊重、またジンメルとの関係概念などの思想は、彼の思想形成の上に非常に重要な影響を与えたといえよう。とくに、同じユダヤ系の哲学者であったジンメルとの親交はその後もながくつづけられたといわれている。ところで、ベルリン時代のブーバーの関心は、主として、神秘主義の研究に向けられている。初め彼は東洋思想の研究に興味をひかれたようであるが、後にはドイツ神秘主義の研究に向かっている。彼自身の言葉によれば、「一九〇〇年以後、マイステル・エッカルトからアンゲルス・シレジウスに至るドイツ神秘主義の影響下に立っていた」(Problem, S. 132) のである。これらのうち、彼が格別に力を注いだのはヤコブ・ベーメの研究であった。一九〇四年六月、彼はニコラウス・クザーヌスからヤコブ・ベーメに至る宗教改革期のドイツ神秘主義の研究で哲学博士の学位を授与されている。また、一九〇九年古今の神秘家の自叙伝を集めた『脱我的告白』(Ekstatische Konfessionen) を出している。このように、ブーバーが神秘主義の研究に特別の熱意を示すようになったのは、一面、以上のディルタイ、ジンメルなどの反主知主義的哲学の影響にもとづくとしても、他面、また、それを機縁として、彼の本性の深奥に潜在的に秘められていた、その固有な宗教性が覚醒された結果であるとみるべきであろう。とりわけ、はやくからニーチェのとりことなっていたブーバーが、やがて神秘主義の研究に向かう機が熟したとしても、決して不思議なことではない。また、この時代の神秘主義の研究は、その後、彼をユダヤ的神秘説「カバラ」の研究へと導く導火線となったのであるが、このこともベーメと「カバラ」との密接な思想的関連を思えば、単なる偶然とはいいえないであろう。

さらにまた、この青年時代のブーバーにとって、他の重要な出来事は「シオニズム」との出会いである。周知のように、「シオニズム」(5)(Zionism, Zionismus)とは一八九六年ユダヤ系のオーストリア人、テオドル・ヘルツルの創唱した、ユダヤ人の独立国家を祖父の地パレスチナに再建しようとする運動である。このヘルツルの運動は、若いブーバーに深い感銘を与え、その生涯に一大転機をもたらすほど重要な出来事であった。すでに述べたように、ブーバーはこの数年間ユダヤ精神から離れて、もっぱら西欧文化の吸収につとめてきたのであるが、それによって満たしえないある種の精神的虚脱感に捕われていたのである。一般に、このような虚脱感は知的にめざめつつある思春期の青年にとって必ずしも異常なことではないが、祖国をもたないユダヤ人青年にとっては想像以上に深刻な体験であったようである。ところが、「シオニズム」はこのような精神的状態にあったブーバーに対して、ユダヤ民族とその運命について目を開かしめるとともに、その伝統的精神のなかに生の根拠を見いだす絶好の機会を与えたのである。「シオニズム」との出会いを境として、その後の彼は生まれ変わったように、新しい情熱をもって、この運動に積極的に参加している。一八九九年バーゼルで開かれた第三回の大会には、ライプチヒの学生代表として参加したばかりでなく、一九〇一年にはウィーンで発行されたその機関誌 Die Welt 誌の編集員の一人に加わっている。しかし、それにもかかわらず間もなく彼はヘルツル一派の政治的シオニズムに同調することができず、ついに彼らと決別せざるをえなかったのである。なぜなら、彼が求めたものは、単に政治的意味におけるユダヤ人の国家再建ではなく、むしろより根源的に、ユダヤ人全体の精神的ルネッサンスを地盤とする、より幅の広い文化的、精神的運動としての「シオニズム」であったからである。彼は自分と同じ考えをもつシオニストたちの指導者となったが、一九〇二年彼らと共に、その後ユダヤ関係の書物の重要な出版元となった「ユダヤ出版社」を設立している(これはナチスによってつぶされた)。しかし、ブーバーの「シオニズム」への接近は、彼にとって、ユダヤ精神への復帰の第一歩を意味したにすぎない。なぜなら、彼の「シオニズム」運動への参加は、いわば、ユダヤ精神の本質が何であるか十分に知ることなく、それを告白したことを意味するにほかならないからである。しかし、それにもましてさらに重要なことは、ユダヤ精神の本質を真に理解することでなければならない。ここから、ブーバーのユダヤ精神への復帰の第二歩が始まったのである。彼は子供のとき祖父から習ったヘブル語に新しくみがきをかけ、多くのヘブル文献を渉猟し、ユダヤ精神の本格的研究に着手したのである。ところが、ある日、たまたま「ハシディズム」の創始者イスラエル・ベン・エリエゼルの遺書のなかに、「ハシイド」が毎朝祈願することは、「熱心な信仰をもって眠りよりさめ、潔められて新しい人間に生まれかわり、被造物にふさわしく、神に従って自己の世界を造ろうとすることがある」という言葉を見いだし、突如として霊感を受け、自己のなかに「ハシイド」の精神を感じ取ったばかりでなく、そこにユダヤ精神の真髄があることを発見したのである。ここに、ブーバーと「ハシディズム」との関係が再び始まることとなったのである。彼は二六歳のとき経験したこの出来事を契機として、その後の五年間をもっぱら「ハシディズム」の研究のために捧げている。この退修の期間中、彼は一生の労作として、「ハシディズム」の創始者やそれにつづく指導者たちの伝記・説話、その他の文献の収集・整理・校訂、またその解釈などの困難な仕事を始めている。その最初の成果は次の二書にまとめられて出版されている。『ナハマン師の物語』（Die Geschichten des Rabbi Nachman, 1906）『バール・シェム伝』（Legende des Baalschem, 1907）。当時「ハシディズム」は世間一般によく知られていたわけではなく、かえって教養あるユダヤ人からは軽侮されていたことはすでに述べたとおりである。ところが、ブーバーはその研究を通して、創始者時代の「ハシディズム」は、歴史上類のないほど熱烈な宗教的生命をもった運動であることを確信するに至ったのである。もっとも、しばしば指摘されるように、彼の「ハシディズム」研究には、彼自身の主観的立場からの解釈が多く混入していることを認めないわけにはゆかない。が、しかし、それは彼の本来的意図が「ハシディズム」の客観的歴史研究を目ざすというよりも、むしろその真の精神を汲みとり、その意味を解明しようとする点にあったがゆえにほかならない。この意味で、ブーバーにおいて「ハシディズム」はもっともよい解釈者を見いだしたといえよう。

ところで、ブーバーはいつまでもこのような学究生活にとどまることは許されなかった。それは一九〇九年から始まったプラハでのユダヤ系学生の集まりである「バル・コクバ」[6](Bar Kochba)との接触である。彼はここで初めてユダヤ精神についての連続的講演を行ない、その内面的、精神的意味の解明を試みている。ブーバーのユダヤ精神の解釈には、ジンメルなどの「生哲学」の影響がうかがわれるが、多くの学生に深い感銘を与えたようである。この「バル・コクバ」との接触はその後も多年にわたってつづけられたのであるが、ブーバーはここに彼の思想を感激をもって受け入れてくれるユダヤ系学生のグループを見いだし、また西欧化してユダヤ精神から遠ざかっていたユダヤ系学生の多くにとって、彼はユダヤ精神へ導く指導者として、彼らの精神生活を広め深める真の教師を意味したのである。ブーバーの文化的、精神的シオニズムの影響は、主として彼らとの接触を通してひろく全ヨーロッパに及んだといわれている。その後、この学生のグループの多くはナチスの迫害の犠牲となったのであるが、そのわずかな生存者のなかからは、後にヘブル大学の初代学長となったベルグマンを初め、多方面に著名な人材が巣立っている。また、有名な作家カフカもこのグループに属する一人であったと伝えられている。

「ハシディズム」についで、この時代のブーバーにつよい影響を与えたものはキルケゴールであった。当時、キルケゴールの著作はデンマーク語からドイツ語に翻訳され、有力な哲学思想として広まりつつあったのである。キルケゴールがその時代の哲学の主流であったヘーゲルの観念論に反対した点はニーチェと同様であるが、ニーチェがそれを人間的生の立場から企てたのに対して、キルケゴールはそれを宗教的生の立場から試みたといえよう。また、キリスト教に関して、両者ともそのきびしい批判から出発するが、ニーチェがそれを想定されたより高次の価値との対比においてなしたのと異なって、キルケゴールはキリスト教以外のより高い価値を認めることの代わりに、世俗化した既成のキリスト教を真のキリスト教に高めるためにそれを拒否したのである。ブーバーが青年時代にふれたキルケゴールの最初の著作は『恐れとおののき』であったが、「ハシディズム」を通してユダヤ的宗教性にめざめつつあったブーバーにとって、キルケゴールは、真の宗教的真理が何であるか、その正しい理解をもたらす霊感となったのである。彼はこれを転機として、宗教の本質がニーチェにおけるように人間の内的生の高揚にあるのではなく、その全存在をもって神と応答する人格関係にあることを学んだのである。このニーチェからキルケゴールへの歩みは、ブーバーの思想的発展にとって、とくにその初期の時代の中心的関心事であった神秘主義を克服し、そこから脱出する道を示したものとして、非常に重要な意味をもつものといわなければならない。しかし、それにもかかわらず、彼はいつまでもこのプロテスタントの哲学者の思想に安住することは許されなかった。なぜならば、キルケゴールの「単独者」は神の前に立つ存在であるとしても、神および自己自身に対する関係以外のすべての他者に対する関係を排除し、かつまた必然的に「大衆」を軽侮する思想へと導く結果となると考えられたからである。しかるに、ブーバーにとって、人間は「共なる人間」としてつくられ、他者を通し他者と共に神への道を見いだすべきであったのである。他者を排除して到達された神はあらゆる存在の生命をみたす真の神とはいえないであろう。ブーバーのこのような思想は、「大衆」のひとりひとりのなかに真の「なんじ」を見いだし、その「なんじ」との交わりの生活のなかに真の神を見いだそうとする「ハシディズム」の精神を端的に表現するものといわなければならない。このようにして、ブーバーはキールケゴールから宗教的実存の本質について多くのことを学びながらも、「ハシディズム」の観点からそれを読み直すことによって、かえってキールケゴールのきびしい批判者のひとりとなったのである。(7)

五　フランクフルト時代

ブーバーは第一次世界大戦中ベルリンから難をのがれて、ハイデルベルク近郊の山村ヘッペン

ハイム (Heppenheim) に疎開している。この時代のブーバーがとくに関心をもったのは、はやくからエッカルトの翻訳者としてその名前を知っていたユダヤ系の社会学者ランダウアーを初めとして、クロポトキンやテンニエスなどの社会思想であった。また、一九一六年には、文化的、精神的シオニズム運動の同志と共に、月刊誌 Der Jude を創刊している。この雑誌はその高い知的水準のゆえに、またたくまに当時のユダヤ系ドイツ語国民の間で指導的地位を占める有力な雑誌となったといわれている。彼はこの雑誌を一九二四年まで編集しているが、その後さらに新しく一九二六年から一九三〇年にかけて、カトリック系の神学者ウィティヒや、またプロテスタント系の医師で、精神分析学者でもあったフォン・ヴァイツゼッカーなどと共に Die Kreatur 誌を発刊し、とくに宗教的観点から社会問題や教育問題をとりあげている。

さて、ブーバーの固有な思想は、ちょうど以上のような精神的背景の下で形成されつつあったのである。一九一三年ブーバーはその最初の哲学的書物である『ダニエル——実現についての対話』(Daniel—Gespräche von der Verwirklichung, 1913) を出版している。『ダニエル』はブーバーの哲学思想を包括的に表現した最初の独創的な書物である。この書物は主—客の二元的対立を克服して生の統一を主体的に実現しようとする実存主義的傾向が表面につようちち出されているが、そのなかにはその後の『われとなんじ』の中心思想を生み出すような数多くの萌芽——たとえば、人間と自然との交わりの可能性、人間の外的事物と内的生の実現に対する態度の相違(Orientierung と Verwirklichung)、また人間の行為は神の業をたすける宇宙的意味をもつという思想など――が見いだされる。ところで、ブーバーがその主著『われとなんじ』(Ich und Du)の草案を「内的必然にかられて」書きあげたのは一九一六年であった。しかし、一九一九年ごろまでそれは決定的明確さをもつに至らなかったといわれている。この書物が出版されたのはやっと一九二三年になってからである。ブーバーはこの書物において『ダニエル』の実存主義的傾向から離れて、彼独自の「対話」の哲学への道を開いたのである。『われとなんじ』の問題はデカルトに始まる近世の自我哲学を克服する道として、すでにフォイエルバッハによって取り上げられ(ブーバーは学生時代からキルケゴールと共にフォイエルバッハの影響を受けたといっている)、また同時代のカトリック系の教師エーブナーによっても問題とされたことは周知のとおりである(ブーバーがエーブナーを読んだのは『われとなんじ』を書いたあとであった)。しかし、われとなんじという同一の言葉を使用しながらも、フォイエルバッハがそれによって理解したものは対話なき人間存在の具体的全体性であり、またエーブナーはそれを人間的「なんじ」に絶望し、ただ神との対話を主として考えていたのに対して、ブーバーはそれを具体的人間存在の対話的関係性の問題として追究し、さらにそれを「われ―それ」の世界との対比において把握しようとした点に、その固有の意味があったといえよう。しかし、ブーバーはそれをただ西欧の哲学思想の流れにおいて試みようとしたのではない。むしろ、それは「ハシディズム」によって培われてきた、彼自身の内面的な深い宗教的生命の哲学的反省の結果生み出されたものとみるべきであろう。このことは、とくに『われとなんじ』のなかに「ハシディズム」の固有な思想や用語が——たとえば、「交わり」(対話・出会い・関係)、「全存在の集中」、「火花」、「現在」、「神の住居」(神の内在性)、「転向」(復帰)など少なからず見いだされることによっても明らかであろう。この書物は西欧思想界に一大転機をもたらすほど多方面にわたって多くの影響を与えてきたことはここにいうまでもない。とりわけ、プロテスタントの神学者ゴーガルテン、ハイム、ブルンナー、バルト、ティリッヒ、また、カトリックの神学者ではシュタインビュッヘル、また、ギリシア正教の思想家ベルジャエフなどに与えた影響はもっとも注目すべきであろう。

『われとなんじ』以後のブーバーの思想的発展には必ずしもみるべきものがあるとはいえない。しかし、その後の彼は主としてこの書物に示された基本的考え方をいかにより具体的に説明するか、またその反対論をいかに論駁するか、あるいはまた現実の具体的問題に対していかに適用するかというようなその内含する諸問題の解明のためにつよい関心を示し、それらについての多くの論文を発表している。ブーバーは一九二三年以来フランクフルト大学に新設されたユダヤ哲学の教授として招かれ、かの地に移っている。ここで彼は著名なユダヤ系哲学者フランツ・ローゼンツヴァイクと親交を結んでいる。一般に、当時のドイツではユダヤ研究が復興しつつあったが、ローゼンツヴァイクは一九二〇年以来フランクフルト・アム・マインにヘブル語・聖書・宗教・文学・歴史などを教える成人教育のための機関「自由ユダヤ学園」(Freies Jüdisches Lehrhaus)を設立し、その事業に献身していた。この学園には、もっとも盛んな時で約千人のユダヤ人——フランクフルト在住のユダヤ人の人口のほぼ四パーセント——が集まったといわれている。ブーバーはその仕事を助けたばかりでなく、さらに彼と協力してヘブル聖書のドイツ語訳という大事業にのり出したのである。このことは当時ユダヤ人の子弟の多くがヘブル語やアラマイク語から離れていたことを思えば、きわめて時宜をえた計画であったといわなければならない。このヘブル聖書のドイツ語訳は、従来の翻訳のなかで恐らくもっともヘブル原典に忠実であるばかりでなく、またドイツ語としてもきわめて優れたものであることはヘルマン・ヘッセのような文学者を初めその他多くの識者の認めるところである。不幸にして、イザヤ書までその翻訳が進んだ時、ローゼンツヴァイクはこの世を去ったが、ブーバーはその後もひきつづき独力でその仕事を進め、ついにその大任を果たしたのである。その後フランクフルト大学における彼の講座は追加され、ユダヤ哲学以外に、長年興味をもって研究してきた宗教史の講座をも合わせて担当している。

しかし、一九三三年ナチス政権の誕生とともに、ブーバーは、大学における一切の職責から追放されたのである。ナチスの残虐な迫害下におけるブーバーは、「ユダヤ人成人教育」の中央事務局の幹事として、ドイツの教育機関から追放されたユダヤ人子弟を教育する新しい学校のために献身したばかりでなく、講演や出版を通して、ナチス占領下のすべてのユダヤ人を慰め励ましている。事実、六百万人のユダヤ人が虐殺されたという史上例をみないこのナチスの迫害は、すべてのユダヤ人にとって、筆紙につくしえないきびしい試練であったことはいうまでもない。もちろん、この耐え難い試練は深く彼の心を悩ましたが、彼は必ずしもそれを致命的な絶望とは考えなかったようである。彼はそれをユダヤ人に課せられた宿命の一部として受けとり、ドイツ在住のユダヤ人がこのような歴史的状況を現実的に支配しえない以上、彼らの力の範囲内でできること、すなわち、いかなる場合にも自己義認の態度を捨て、自ら謙虚に反省し、交わりの生活を確立して、真に自覚あるユダヤ人となる努力を勧めている。それは、ちょうど、かんばつ時の農夫が天候を支配しえないとしても、彼の畑仕事を中止する理由にならないのと同様であろう。彼は雨が降る時のために、畑をつねに世話し、天候は神に任すべきである。多くのユダヤ教の指導者が自己の民族の徳と迫害者の罪とを比較し、自己義認の果てしない叫び声をあげている時、このような罪の告白を自己の民族に勧める勇気は、ただブーバーのような預言者的信仰に徹した者のみがもちうることであろう。ブーバーに励まされた多くのユダヤ人は、たとえ現実のきびしい運命からのがれえなかったとしても、精神的な救いとユダヤ人としての真の自覚をもって、恐れることなく死の道についたといわれている。戦後ブーバーがアメリカを訪問した際、あるユダヤ系のアメリカ人からナチスのユダヤ人迫害の問題について質問を受けた時、彼はヨブ記の言葉（四二・五）を引用し、ヨブが神から受けとった答えはただ「神の出現」だけであるということに注意を促している。ここでは何事も説明されているわけではない。何事も償われたのではない。不正が正となったのではなく、また残忍が親切に変わったというのでもない。人間が再び神の呼びかけをきくということ以外に何事も起こったのではない（vgl. Wende, S.106）。以上のようなブーバーの態度をもって決して敗北主義とみるべきではない。自己のなすべき義務を完全に果たし、すべてを神の摂理にゆだねるものにとって、たとえ現実はいかに暗黒の陰におおわれていようとも、決して絶望ということはありえないであろう。

六　エルサレム時代

一九三八年、ちょうど六〇歳の時、ブーバーはヘブル大学の社会哲学の教授に招かれ、パレスチナに移住している。パレスチナにおけるブーバーは、迫害下の同胞を気にしながらも、比較的に安定した研究生活を送ることができたようである。一九四三年、ヘブル大学の就職論文『人間の問題』(Das Problem des Menschen, Heb. 1943, Eng. 1947, Deut. 1948) が出版されている。この書は、彼の著作のなかでもっとも哲学的なものの一つであるが、人間学的観点から、古代から現代に至るまでの西洋の哲学思想を批判したものとして、思想的に重要な意味をもっている。さらに、ひきつづき、一九四六年には彼の社会思想を端的に示す『ユートピアの道』(Pfade in Utopia, 1946) を発表している。以上人間学や社会思想の研究のほかに、再び「ハシディズム」やヘブル思想の研究に従事し、後述するようにいくつかの優れた著述を世に問うている。とくに、この時代のブーバーは悪の問題と本格的に対決している。

ところで、ブーバーはこのような学究生活に安住することが許されず、再びパレスチナを取り巻く現実的問題の渦中に投げ込まれている。彼はユダ・マグネスやエルンスト・シモンなどと共に、パレスチナにおけるユダヤ人とアラブ人との共存的二重国家の建設を提唱したため、政治的シオニスト側とアラブ側との両方から、非現実的空想として、はげしい批判を受けたのである。周知のように、第二次世界大戦終結後、一九四七年に国連はパレスチナ分割案を可決、ついで一九四八年にはすべてのユダヤ人が待望していた独立国家「イスラエル共和国」の成立をみたのである。しかし、その後ひきつづいて起こったユダヤ人とアラブ人との紛争は、過去二つの世界大戦以上に、ブーバーを悲しませている。彼が心から念願したことは、この二つの民族が協力して新しい国土の開発を始めることであった。では、ブーバーの二重国家論とはいかなる内容をもつのであろうか。

さて、ブーバーの二重国家の構想は、彼が一九三九年ガンジーに送った手紙のなかにもっともよく見いだされるであろう。(8) ガンジーは一九三八年十一月その機関誌 Harijan 誌上で、ナチス政権下のユダヤ人の状態を南アフリカのインド人のそれにたとえ、ナチスの暴虐に対し無抵抗主義で臨むことをすすめ、またユダヤ人のパレスチナ移住はアラブ民族に対するユダヤ人の不正な侵害であることを責めている。これに対して、ブーバーは南アフリカのインド人とドイツのユダヤ人の被害状態は、質的にも量的にも比較しえないほど異なり、ガンジーの無抵抗主義が必ずしも妥当な戦術でないこと、また帰るべき祖国をもたないユダヤ人のパレスチナ帰還の念願は、聖書に示された彼らの使命がとくに土地と密着していることに由来することなどの諸点を明らかにして、パレスチナの先住民であるユダヤ人がアラブ人の生活を侵害することなしに、共に協力して土地に奉仕することは決して不穏当なことでも、また不可能なことでもないと主張している。もしユダヤ人がアラブ人の生活権を侵さない土地の一部を獲て、その優れた技術によって豊かに開墾すればするほど、それは両者にとって益となるであろう。ユダヤ人はアラブ人を支配するのではなく、彼らとともに生活し、彼らに奉仕することを望んでいる。このように、信仰と愛とがあるところ、現実的には悲劇的矛盾と思われるものに対してさえも、必ずその解決が見いだされることを彼は確信してやまなかったのである。

以上のように、ユダヤ人のパレスチナ帰還の念願は、彼らの宗教的使命感を離れて考えることは不可能である。ブーバーは一九四四年ヘブル語で出版した『イスラエルとパレスチナ』という書物のなかで、ユダヤ精神の歴史的伝統を通して、ユダヤ人の宗教的使命がいかに土地と密着したものであるかを述べている。ユダヤ人の国家理念である「シオン」は、他の国家理念のように、ある特定の民族との関係によってではなく、むしろ特定の土地との関係によって名づけられている。それは神が選んだ民を、選んだ土地に導き、そこに自己の意志を実現させようとする神からの使命にもとづいている。神から託されたこの使命の実現は、土地のない民によっても、また民のない土地によっても達成されるものではない。このように、ブーバーにとって、神に対する信仰を離れて、歴史的イスラエルの存在を考えることは不可能であった。しかし、この「シオン」に対するブーバーの宗教的信念は必ずしも世俗的な政治的シオニストによって十分に理解されたとは考えられない。ブーバーを中心とする文化的、精神的シオニストの不断の努力にもかかわらず、ユダヤ民族の全歴史を通して培われてきた「聖地」に対する宗教的信念は、いまやその真の意義を失いつつあるのではなかろうか。ブーバーによれば、イスラエルは、他の国家と同様に、その世俗的国力の充実を計ることのみをもって至上目的とすべきではない。もしイスラエルがその宗教的意義を放棄するならば、その生命の中核を放棄することとなるであろう。国力の自由な発揮も、それに真の目的を与える最高価値なしには、民族の「再生」どころではなく、その背後に精神的死を担う自己欺瞞の遊戯以外の何ものでもない。もしイスラエルが自己に課せられた使命以下のことを欲するならば、そのより低い目標の実現にさえ失敗するといわなければならない。

ブーバーは対外的にユダヤ人とアラブ人との共存的二重国家の建設を提唱したように、対内的にもまた新しい人間の共同社会の建設を目指している。この新しい共同社会の理念は、上述の二重国家のそれと同様に、彼の「われとなんじ」の哲学の必然的展開をみるべきであろう。ブーバーは来たるべき社会の根本原理として、個人主義か集団主義かという二者選一を破棄すべきことをすすめている。個人主義が人間の部分しか捕えていないとすれば、集団主義は人間を部分としてしか捕えていない。個人主義は人間を自己自身との関係においてみるのみであるが、集団主義は社会のみをみて人間をみない。そのいずれも人間の全体性、全体としての人間に到達するものではない。人間存在の基本的事実は、人間は単に個人でも、また集団でもなく、むしろ人間と人間との間柄として存在するということである。この人間存在の基本的事実は個人主義と集団主義とを超える第三の新しい社会形態の可能性を指示するであろう。ブーバーはこのような新しい社会の理念を、イスラエル国家の建設以前から開拓者たちによって始められた「キブツ」(Kibbutz)という村落共同体のなかに見いだしている。この「キブツ」の特色は、同じく共産的共同体であるが、ソ連のコルホーズなどと異なって、いかなる政治的権力にも従属しない、自由な共同体的組織であるという点に存している。これら「キブツ」の多くはその個性を失うことなしに、より大なる連合体を形成し、建設的なよい影響をユダヤ人社会の全体へ及ぼしつつあったのである。ブーバーはこの「キブツ」を真の人間関係がもっともよく具現された新しい社会形態であると考えたが、その半面、彼自らそれを「失敗しなかった実験」と呼んでいるように、決して現実の「キブツ」のなかに完全な理想像を見いだしたわけではない。現実の「キブツ」のなかにはなお多くの克服されるべき問題が含まれている。とくに、新しい移住者がこれに加わる時に、しばしば困難な問題がひき起こされている。しかし、それは「キブツ」の理念や機構に関する問題というよりも、むしろそれを支える人間関係の問題に帰着するのである。言いかえれば、「キブツ」が真の共同体として成功するかどうかということは、それを構成する成員のひとりひとりが互いに心を開き、交わりの生活を送りうるかどうかという点にかかっている。初代の開拓者たちはこのことを本能的に深く自覚していたが、もはや今日その本能は昔と同じように自覚されているとは考えられない。ブーバーにとって、このような真の共同体を可能とする地盤は、その成員の各各に浸透し、そのひとりひとりを新しくつくりかえ、交わりの生活へと導く宗教的なるもの以外他の何ものにも求められないのである。われわれはここにも「ハシディズム」の交わりの生活の幻がつよく生かされていることを知るであろう。また、パレスチナにおけるブーバーは、移住者の教育に対してもつよい関心を示している。一般に、ブーバーははやくから教育に対する特別の興味を抱いていたのであるが、とくに成人教育に対して非常につよい熱意をもっていたことは、彼の「シオニズム」運動やフランクフルトの生活を通しても明らかであろう。パレスチナにおける成人教育の必要は、それぞれ異なった背景をもつ離散のユダヤ人から成立しているイスラエル国家にとって、そのひとりひとりに真のユダヤ精神の自覚を促す意味において、非常に切実に要求されていたのである。一九四九年ブーバーは移住者のための教師養成機関として成人教育のための学園を創設している。彼はこの学園のために、一九五一年のヘブル大学定年退職後も、ひきつづき五三年まで深い情熱をもって尽くしている。

一九五一年から五二年にかけて、ブーバーは米国ニューヨーク市にあるユダヤ神学校（Jewish

Theological Seminary）からの招きを受け、生まれて初めてアメリカを訪問している。それまでの彼の生活にとって、アメリカはまったく疎遠な世界であったといわなければならない。彼の影響は主としてヨーロッパのドイツ語国民の間にだけ限られていたのである。一九三七年になってスミスによる『われとなんじ』の英訳が英国で出版され、一部につよい影響を与えたが、アメリカにおける彼の思想的感化はいまだ微々たるものであった。ところが第二次世界大戦後、以上の事情は一変し、彼の主要な著作はほとんど全部にわたって英訳され、その名声はひろく英語国民の間に広まったのである。彼の影響は単にアメリカや英国に居住するユダヤ人の間にのみ限られたのではなく、ひろく一般の知識層にも及んだのである。とくに、ブーバーの影響を受けた英米系の神学者としてプロテスタント系のベーリー、ニーバー兄弟、ファーマー、オルダム、またカトリック系のダアシーなどの名をあげることができよう。このような状況のもとで、アメリカ訪問のブーバーがいかに温かく迎えられたか想像するにかたくない。ブーバーはこのアメリカ訪問を機会に有名な諸大学で講演しているが、その講演をまとめたものが『神の蝕――宗教と哲学との関係についての考察』（Eclipse of God――Studies in the Relation between Religion and Philosophy, 1952; Deut. 1953）である。また、伝えられるところによれば、とりわけ印象的であったのは、ニューヨークのカーネギー・ホールで行なわれた送別講演会である。この講演会には、かの著名なプロテスタントの神学者ラインホールド・ニーバーとユダヤ系の哲学者カプランが特別に参加しているが、ブーバー自身は英語で「今の時の希望」[9]（Hope for this Hour）と題して、彼の対話の哲学の立場から、現代文化の病根である人間の不信の問題を取りあげ、多くの聴衆に深い感銘を与えたといわれている。

ところが、ここにブーバーが多くのユダヤ人同胞から懐疑の目でみられるような事件が起きている。それはブーバーが一九五二年六月ハンブルク大学からハンザ・ゲーテ賞を、また翌年九月フランクフルト・アム・マインのパウロ聖堂[10]でドイツ図書組合から平和賞を受けたということである。ナチスから受けた残虐な傷あとの記憶が消え去らないこの時、ブーバーがドイツからこのような栄誉を受けたことに対して、一部のユダヤ人の間からきびしい批判が出たとしても怪しむに足りない。しかし、彼が平和賞の受賞の際に行なった講演[11]をみれば、このような誤解は直ちに氷解するであろう。彼はアウシュヴィッツやトレブリンカで起こった、過去のいかなる歴史的出来事とも比較しえない、もっとも組織的な残虐行為について、人後に落ちないほどの憎しみを感じている。しかし、それにもかかわらず、彼はそれに意識的に参加した人々、隠されたまま知らずに参加した人々、またそれに死をもって抵抗した人々のすべてに対して、彼もまた共通の人間性をもつひとりとして、寛容な理解と温い同情を示している。いな、むしろ彼は新しく立ち上がりつつあるドイツ青年の心のなかに、人類の共同の敵である「非人間的人間」(homo contra humanus)に対する「人間的人間」(homo humanus)の戦いのつよい芽ばえが、他のどの国におけるよりもつよく育ちつつあることを感じとっているのである。今日もっともつよく要求され、必要とされていることは、この非人間的人間性に対する共同戦線の統一であろう。ブーバーはもし生き残りのユダヤ人にこの平和賞が与えられる意義があるとするならば、それは真の人間性を振起する戦いのために、分かれている戦線を統一する義務が与えられているということ以外の何ものでもないと考えている。

ブーバーは一九五三年から五四年にかけて、スイスやドイツの諸大学で講演し、またオランダではユリアナ女王から招待される光栄に浴している。さらに、一九五六年には英国とドイツを、また一九五七年から五八年にかけては二度目のアメリカ訪問を試みている。この時も、多くの大学や研究所で講演し、哲学・神学はいうまでもなく、教育学・心理学、また精神病理学などの広範な領域にわたって多大の影響を与えたといわれている。一九五八年二月八日ブーバーは健康に恵まれて八〇歳の誕生日をアメリカで迎えている。この記念すべき日を祝して、同学や後輩の手によって、この偉大な現代の思想家・預言者に対して、立派な記念論文集が献呈されたことはまことに有意義なことであったといわなければならない。この献呈論文集は「現代哲学者双書」

(The Library of Living Philosopher) の一部として、ブーバーの高弟フリードマンの援助のもとにシルプが編集したものであるが、多くの著名なユダヤ系学者のほかに、マルセル、ハーツホン、ブルンナー、マイレンバーグなどの現代の著名な哲学者や神学者が寄稿している（ドイツ語版は一九六三年に出版）。しかし、この年は、ブーバーにとって、個人的にはもっとも悲しむべき年となったのである。それはアメリカからの帰途、八月十一日、ヴェニスで最愛の妻パウラが病死したことである。南ドイツの名門出身のキリスト教徒でありながら、ユダヤ人の夫に嫁し、六十年ものながい間、温かい心をもって仕えてきた彼女のことを思う時、彼の受けた精神的打撃がいかに深刻なものであったか想像するにかたくない。

七　使　命

隠退後のブーバーは、その晩年を飾るにふさわしく一九六〇年イスラエル国立科学アカデミーの初代総裁に選ばれたばかりでなく、さらに彼のヨーロッパ文化に対する貢献に対して、一九六三年オランダからエラスムス賞が与えられている。また、彼の著述の主要なるものは三巻からなる全集にまとめられ、またユダヤ関係の論文を集めた他の一冊と共に発刊をみるに至ったのである。ところが、外電の伝えるところによれば、ブーバーは、一九六五年四月に受けた骨折の手術の経過が思わしくなく、ついに六月十三日エルサレムの自宅で八七歳の生涯を終わったのである。彼の死が心ある世界の人々によっていかに深く悲しみ嘆かれたかここにいうまでもない。

しかし、以上のようなブーバーが生前に残した偉大な功績にもかかわらず、率直にいって、今日のイスラエルでブーバーがいかなる程度まで正当に理解されていたかどうか一沫の危惧がないわけではない。一般の世俗主義者は彼の宗教的傾向に顔をそむけ、また伝統的な保守主義者も彼の自由主義的立場に対して決して好意的ではなく、その上彼ら両者とも彼のイスラエルの政治に対する態度にはきわめて批判的であったといわれている。それにもかかわらず、ブーバーの思想はあらゆる宗教と人種とを越えて、世界の心ある識者の間で高く評価されつつあることは否定しえない。ブーバーが求めてきた神と世界、信仰と生活との真の対話をもたらす新しい生活様式の確立は、ただユダヤ人のみにかかわる問題ではなく、今日の世界全人類の共通の課題であるというべきであろう。がしかし、神と人間、自然と人間、人間と人間の真の対話が失われた現代の世俗的文化のなかにあって、失われた言葉の回復を求め、真の人間性を確立しようとするブーバーの使命は、今後とも永遠に終わることがないであろう。所詮、ブーバーの生涯はきり立った深い崖を両側にもつ、「狭い尾根」の道を歩むべく運命づけられていたというべきではなかろうか。

II　ハシディズム

――ブーバーの思想的源泉――

一　「ハシディズム」への道

以上ブーバーの生涯を通して明らかなことは、彼は自己の思想形成上西欧の哲学や宗教から多くのことを学びながらも、その思想の根本的基調となったものは「ハシディズム」(1)であるということである。すでに述べたように、ブーバーは少年時代から「ハシディズム」の雰囲気のもとで育ち、次いで青年期にそのなかに真の「人間の道」を見いだし、さらに生涯をその実践のために捧げてきたといっても過言ではない。もちろん、しばしば指摘されるように、ブーバーの「ハシディズム」の理解は、一面、彼自身の自由な解釈にもとづくものであり、また時として彼自身の思想をそのなかに読み込もうとする行き過ぎがなかったとはいえない。けれども、その反面、ブーバーほど「ハシディズム」の精神を、より深い理解をもって新しく解釈し直し、それを日常生活のなかに正しく具現しようと試みたものは、他にあまり例をみないであろう。ところで、ブーバーにとって、「ハシディズム」はユダヤ教から産み出された偉大な精神的所産であるとしても、単にその内部の問題につきるのではない。その真理はユダヤ教徒、キリスト教徒、またその他すべての人々に永遠に妥当するものであり、とくに、今日のこの時点において、過去のいかなる時代とも比較しえないほどの重要性をもつと考えられている。なぜなら、現代は人間がこの地上に生きる目的を忘れようとする危機のなかにあるが、「ハシディズム」ほどこのことを切実に自覚させてくれる教えはほかにないからである。まことに、「ハシディズム」はブーバーの思想がすべてそこから由来する思想的源泉であったといえよう。したがって、ブーバーの思想をより根源的に理解するために、われわれは先ず「ハシディズム」の考察から出発しなければならない。では、ブーバーにおいて「ハシディズム」とはいかなるものと考えられたのであろうか。

ブーバーの「ハシディズム」に関する労作は、すでに言及したように、その創始者バール・シェムや「ツァディーク」(Zaddik——義者の意味)と呼ばれるその後継者たちの伝記・説話、その他の文献の収集、整理から始められている。ブーバーはその最初の成果として次の二書を発表している。『ナハマン師の物語』(Die Geschichten des Rabbi Nachman, 1906)、『バール・シェム伝』

(Legende des Baalschem, 1907)。その後、ブーバーはこれらの書物の叙述に適用された方法があまりにも主観に流れすぎたことを悟って、さらに新しい方法論的自覚にもとづく次の二書を公表している。『偉大な説教者とそのまねび』(Der grosse Maggid und seine Nachfolge, 1962)、『隠された光』(Der verborgene Licht, 1924)。また、この「ハシディズム」研究の仕事はブーバーのパレスチナ移住後もつづけられ、以上を含めてさらにより包括的なものとして、『ハシディームの物語』(Die Erzählungen der Chassidim, 1949) をまとめている。このように、ブーバーの「ハシディズム」研究が「ハシド」の伝記や説話の収集から始められたことは決して偶然ではない。なぜなら、「ハシディズム」は単なる教えでも指針でもなく、全存在をもって神との交わりに生きた人間の真実さがわれわれのなかの真実さを呼びおこし、またそのような生活を送りうるようにする人間の現実的生に対する助けであり、このようなことはただ「ハシド」の言行録を学ぶことによってのみ可能となるからである。とくに、パレスチナ移住後のブーバーは「ハシディズム」の本質的意味の解明にのり出している。ナポレオン時代を背景として「ハシド」の生活を描いた歴史小説『ゴグとマゴグ』(Gog und Magog, Heb. 1943) のほかに、『ハシディズムの教えにもとづく人間の道』(Der Weg des Menschen nach der Chassidischen Lehre, 1948)、『ハシディズムの使信』(Die chassidische Botschaft, 1952)、その他数編の論文を発表し、「ハシディズム」の意義について論じている。われわれは以上の諸書のうち、とくに『ハシディズムの使信』及びその他を中心として、ブーバーの「ハシディズム」に関する見解を述べてみよう。

二　「ハシディズム」の由来

一般に「ハシディズム」とは、語源的には「敬虔者」を意味するヘブル語の Hasid (Hasidim はその複数形）に由来するといわれる。最初この語が用いられたのは、紀元前三〇〇年ごろ、当時パレスチナの支配者であった、シリアのセレウコス・エピファネスによるユダヤ教のギリシア化的風潮に反発して、その伝統的律法《トーラー》の教えを守るために立ち上がった保守的ユダヤ教徒の一団を指してである。その後もこの語は、中世ドイツの「ハシディーム」のように、律法《トーラー》の内面的生命を尊重する敬虔なユダヤ教徒、また十八世紀の後半敬虔者ユダに引率されてメシアの降臨を求めて聖地に巡礼した一団の人々などを指して用いられている。ところで、ここで問題となっている「ハシディズム」とは、以上のような「ハシディーム」の精神的伝統を継承するとしても、直接的にはそれらとまったく無関係に、十八世紀の初頭ポーランドやウクライナのユダヤ人の間に広まった、ユダヤ教内部の革新的な神秘主義的宗教運動を指していうのである。しかし、ここに注意すべきことは、「ハシディズム」は決してユダヤ教内部の分派運動として発足したものではないということである。彼らが強調したことは、人間が自己の全存在をもって神に仕える真の道を求めることであって、それ以外のいかなる意図もなかったのである。また、「ハシディズム」は、一面キリスト教内部の革新運動として、主として十八世紀のドイツで発展した敬虔主義 (Pietismus) の運動と軌を一にするとみられるが、敬虔主義が宗教体験における感情面の優位性の主張に終わり、ややもすれば現実世界から逃避的であったのに対して、「ハシディズム」は単に感情ではなく、人間の全存在を尊重し、かつ現実世界を肯定する点においてそれと本質的に異なっているのである。

すでに述べたように、この「ハシディズム」の創始者はイスラエル・ベン・エリエゼル (Israel ben Eliezer, 1700–60) である。彼はまた「よい名の主」(バール・シェム・トヴ、Baal Shem Tov) とも呼ばれている。もともと、この呼び名は病気を奇跡的にいやす力を持ち、人々からよい評判をえていたものに与えられたのであるが、彼はただ身体的病気の医者であったばかりでなく、また精神の治療者でもあった。このように、彼は神の名のもとによい評判をえた聖者であったが、その生涯は神秘の謎に包まれ、史実的に明らかにすることは困難である。言い伝えによれば、彼は幼くして両親を失ったが、その集落の人々の好意によって養育されている。彼は、少年時代、自然と孤独とを愛し、しばしば森の中で生活しているが、この時学んだ薬草の知識が後に病気の治療に役立つ結果となったといわれている。また、彼は生まれつき勉学を好み、村の学校の助教として評判をえたが、その他彼の誠実さと人間性に対する深い洞察力がかわれて、村で起こる訴訟事件の調停者のような仕事にも選ばれていた。バール・シェム・トヴの宣教の公生涯は一七四〇年から始まるが、神癒や奇跡を通して、悲惨な社会条件のもとで生活に苦しむ下層階級から多くの追従者を集めたと伝えられている。もし彼をソクラテスにたとえるならば、そのクセノフォンともいうべきポローネのヤコブ・ヨセフの証言によれば（彼はプラトンにあたる者をもっていない。強いていえば、「偉大な説教者」と呼ばれるドヴ・ベェル Dov Bär であるが、その師の教説について述べても人柄については何も言及していない）、バール・シェム・トヴは決して律法《トーラー》の知識に精通した聡明な学者でも、また隠遁して瞑想に耽る行者のような人でもなく、ただひたすらこの世を神と共に生き、大衆の生活のなかにとけこみ、彼らを神にまで高めるような純粋の信仰者であった。彼が目ざしたものは宗教の教義や儀式でなく、単純な信仰——神との真実の交わり、そこから湧き出る信仰の喜び、またそれを通して実現される日常生活の聖別であった。とりわけ、彼の強調した点が神の前に立つ人間の尊厳と救いの平等であったために、教養の低い素朴な大衆の心を深くとらえ、ついにポーランドやウクライナ地方のユダヤ人の間に、熱烈な大衆的信仰復興運動として発展するに至ったのである。事実、この数世紀の間、「ハシディズム」ほどユダヤ教の精神力をいきいきと発揮したものは他に例をみないであろう。ブーバーはこのいわゆる「地の民《アム・ハーレツ》」の運動を、同じ「地の民《アム・ハーレツ》」の運動として始まった原始キリスト教ともっとも密接な類似点をもつと考えている。もっとも、前者はユダヤ教の内部にとどまったのに対して、後者がその外部に出たという根本的な相違点を除いては。では、いかなる歴史的事情のもとに、このような熱烈な宗教運動が起こったのであろうか。

さて、ブーバーは「ハシディズム」成立の要因として、一方当時のユダヤ教の形式化した無気力なラビ主義と、他方またその反動としてその時代を風靡したサバタイ＝フランク主義の間違ったメシア運動とをあげている。では、いったいこれら両者はいかなることを指していうのであろうか。まず、ラビ主義から考察しよう。一般に、ラビ主義が、パレスチナはもちろんのこと、離《デイア》散《スポラ》のユダヤ人の間にあっても、ユダヤ教の正統派として認められてきたことは周知のとおりであろう。言うまでもなく、この伝統的ラビ主義の中心をなすものは律法（Torah）である。最初のもっとも権威ある律法《トーラー》はモーセ五書（Pentateuch）であり、それはすべての真理の源泉であると考えられていた。しかし、それを複雑な日常生活に適用するためには、さらにそれの説明と解釈が必要となり、それらはやくから口伝として伝えられていたのである。ところで、このような仕事はラビ（Rabbi）と称する律法解釈を専門とする、特殊の階級にゆだねられていたため、彼らの教々は最高の権威として、ユダヤ教の主流をなすに至った。したがって、彼らの教えを集めたタルムード（Talmud）(2)はヘブル聖書についで非常に権威あるものであったことはいうまでもない。けれども、律法の解釈はタルムード時代で終わったわけではない。タルムードのテキストの解釈に含まれている諸問題、またユダヤ人の生活の歴史的変化に対応して、その教えをいかに適用するかという問題は、新しくタルムードについての解釈を必要とし、さらにまたその解釈の解釈を必要とするというような状態がつづいたのである。もちろん、ラビにとって、律法《トーラー》は神から与えられた最大の恩恵であるがゆえに、その研究、およびそれにもとづく行為は、正統派のユダヤ教にふさわしい、もっとも純粋な信仰生活を意味したことはいうまでもないが、その半面、上述のような生命の枯渇した形式的律法主義に陥る危険性を多分に内含していたのである。十八世紀末のヨーロッパにおけるラビ主義はちょうどこのような状態に置かれていたといわれている。当時のラビはユダヤ人大衆から遊離した特殊の宗教的貴族社会を形成し、ただ律法《トーラー》の形式的保存のみをこととしていたために、彼らの教えはもはやユダヤ人大衆が置かれていたきびしい現実に対処することができず、したがって律法《トーラー》は生命からかけ離れた空虚な形骸と化し、ますます大衆を神から遠ざける結果となったのである。このような状況のなかにあって、神と人間との間の根源的関係を回復し、彼らの現実的問題に対応して、真の生命を与える革新的な信仰復興運動、すなわち律法《トーラー》を知るものではなく、律法《トーラー》に生き、それを日常生活に具現するものが尊重される、新しい価値の転換を目指す運動の出現が要望されたとしても決して怪しむに足りない。「ハシディズム」はこのような新しい信仰の秩序を確立する運動として生まれたのである。

しかし、「ハシディズム」をただ単に以上のようなラビ主義との関係において理解することは十分でない。なぜなら、当時すでにラビ主義に対抗するものとしてサバタイ＝フランクのメシア運動が現われていたからである。このメシア運動は、一面、ラビ主義の空虚な形式主義を打破し、一般大衆の切実な現実的要求に答えようとするものであったが、半面、かえって真のユダヤ精神を堕落と破滅に導くものであった。したがって、「ハシディズム」を真に理解するためには上述のラビ主義と共に、この間違ったメシア運動との関係を離れて考えることはできない。ところで、サバタイ＝フランク主義のメシア運動を説明するために、まずその歴史的背景として、一六四八年から十年以上もつづいて東ヨーロッパに起こったユダヤ人虐殺事件について言及しなければならない。この恐るべき事件の直接の原因は、ポーランドの圧制に反抗して立ち上がったウクライナのコサックの首長ヒメルニッキがポーランドを襲撃した際、同じ圧制に苦しむ農民一揆が蜂起してそれに加わり、その鋒先が彼らの地主の執事をつとめ、平素から憎まれていたユダヤ人に向けられたことに始まる。一六四八年から五八年にかけて約一〇万人のユダヤ人が虐殺されたと伝えられるほど、その迫害は苛酷なものであった。このような悲惨な事態に直面して、歴史的現実を政治的に変革する方法をもたない無知なユダヤ人の間には、彼らの受けつつあったきびしい苦難を世の終わりの試練と信じ、救い主メシアの降臨を待望する気運が熱狂的に高まってきたのである。もっとも、この時のメシア待望の風潮は単にユダヤ人の間に限られたものではなく、一部のキリスト教徒の間にも広がり、一六六六年をもってメシア再臨の時と考えたといわれている。

以上のようなメシア待望に対応して現われたのがサバタイ・ゼヴィ（Sabbatai Zevi, 1626–76）のメシア宣言である。彼はスミルナの生まれで、はやくから「タルムード」の教育を受けたが、それに満足することができず、かえってルリア派の「カバラ」（ユダヤ的神秘説）の思想に、より多くひきつけられたといわれている。とくに、その終末的メシア思想やメシアの到来を促進するための呪術的行事の思想などには多大の興味を抱いたようである。彼は一六四八年、二三歳の時、神によって定められたメシアであることを宣言しているが、この時はだれもそれに関心を示したものは無かったと伝えられている。その後、間もなくスミルナから追放され、コンスタンチノープル、サロニカ、またエルサレムなどの諸所を遍歴しているが、その間に彼のもつ人間的魅力のために、多くの追従者をえたのである。とりわけ、第一の弟子ナタン・ベンジャミン・レヴィは宣伝の才に恵まれ、その指導力によって彼のメシア運動は次第に勢力を増してきている。彼は一六六六年のメシア降臨に備えて、一六六五年の元旦から待望のメシアであることを公示したが、彼の影響はウクライナやポーランドのユダヤ人のみでなく、全ヨーロッパのユダヤ人、また一部のキリスト教徒の間にも広まり、またスピノザのような哲学者さえ彼のメシアであることを信じたといわれている。しかし、このサバタイ・ゼヴィのメシア運動もついに破局的結果を迎えざるをえなかったのである。それは一六六六年の初め、彼はトルコに対する謀反のかどでトルコの官憲に捕えられ、その年の九月十六日殉教から身を守るために、ユダヤ教の信仰を破棄し、サルタンの面前で多数の追従者と共に回教に改宗したということである。このサバタイ・ゼヴィの背教は彼の追従者に絶望的幻滅を与えたことはいうまでもないが、その半面、彼の背教は神によって予定された摂理の一部にすぎないと考え、ますます彼に対する信仰をつよめる者も現われたといわれている。彼の死後もガリチアやポドリアを初めとしてヨーロッパの各地のユダヤ人の間にサバタイ主義の秘密結社がつくられ、ある者はメシアの降臨に備えて苦行のなかに罪の赦しを求め、また他の者はメシアの降臨を信じてパレスチナに旅立ったと伝えられている。以上のようなメシア運動に対して、正統派のラビが反対したことは当然であって、一七二二年のレンベルクの会議はこれを異端として退けている。それにもかかわらず、サバタイ主義の炎は、受難の民の救いに対するあこがれとして、いよいよ燃え広がる結果となったのである。

これらサバタイ主義の秘密結社のなかから生まれたのがフランク主義の運動である。この運動の創始者はヤコブ・レイボヴィッツ（Jacob Leibovicz, C. 1726–91. トルコでは、一般にヨーロッパ人に対する呼称フランク Frank の名で呼ばれていた）である。彼はポドリア生まれの貧乏なユダヤ人であったが、青年時代トルコを旅行し、サバタイ主義の運動に加わっている。一七五五年ポドリアに帰り、サロニカでサバタイ・ゼヴィの後継者から伝授されたという啓示を説いて多くの追従者をえたのである。彼はまた「カバラ」のなかにキリスト教の三一神論と同様な思想が含まれていることを認め、その追従者と共に集団でカトリック教会に改宗しているが（一七五九年）、教会側からその真実性が疑われ、一七六〇年異端として捕えられている。その後、一七七三年マリア・テレサの庇護のもとに釈放されている。ところで、フランク主義の特質はサバタイ・ゼヴィのメシア思想をさらに徹底して、極端な宗教的虚無主義に陥った点にある。言いかえれば、それはユダヤ教の宗教的、道徳的観念を完全に否定して、まったくそれと反対の結論に到達したのである。フランク主義によれば、メシアは暗黒の固い殻（悪）に閉じこめられている聖なるものを解放するために、絶対にそのなかにはいりこまなければならない。このことによってメシアはイスラエルの捕囚の目的を果たし、イスラエルと世界とを一体として救うことができる。また、人間も罪のなかに閉じこめられている聖なる火花を救い出すために、自ら罪のなかに陥るべきである。この世界にはもはやいかなる罪も存在しない。新しいメシアの時が満たされると共に、救いなき世界のための古い律法《トーラー》のくびきは破壊され、すべてを赦し、すべてを潔める新しい啓示のみが存在するのである。以上のような思想はすでに「カバラ」のなかに準備されたものであるが、フランク主義において最高潮に到達したといえよう。このようにして、フランク主義はメシア思想と最大の悪である背教との思想的矛盾を調和したばかりでなく、すべての悪を聖なるものとして是認する無道徳的な虚無主義へと導いたのである。

さて、ブーバーによれば、以上のようなフランク主義の反対運動として起こったのがバール・シェムの「ハシディズム」である。しかし、ここにいわゆる反対運動とは単に外面上の対立の意味に理解すべきではない。むしろ、それは生命体を脅かす破壊的細胞に対する新種の細胞の造成、言いかえれば、信仰の悪用によって死の病を患っている大衆のなかに健全な信仰の力を再生する、いわば生命体の内部から生まれる反対の力をいうのである。したがって「ハシディズム」の信仰復興運動とは、その本性上、病気以前の無菌の状態へ帰ろうとする復古運動ではなく、現在与えられた対立から出発し、心の毒素をかもし出すその同じ素材から、心の解毒剤を造る革新運動であるというべきである。では「ハシディズム」はフランク主義に対していかに対処したのであろうか。まず、第一は、「ハシディズム」はフランク主義のメシア思想に含まれている虚偽の生活を真実の生活に転換したことである。サバタイのメシア待望の思想のなかには、現実にないものを現実にあるかのように幻想する虚偽が含まれているが、さらにそれを徹底して、無以外のなにものも、彼自身さえも信じえなかったフランク主義は虚偽そのものであるといわなければならない。このような虚偽のもたらす破局は、ただ人間や世界のなかの破局というものではなく、神と人間とのきずなの破局を意味するであろう。しかるに、バール・シェムの求めたものは、虚偽を含む世の「終わり」ではなく、この現実の世界で神のために生きる真実の生活の「始まり」であった。このことによって、大衆の心のいやしのみでなく、神と人間、天と地との間の病める関係を回復することができるのである。第二の点は、フランク主義の律法《トーラー》に対する否定的立場を肯定的立場に転換したことである。フランクの無道徳的な虚無主義は律法《トーラー》やそれに対する人間の責任の廃棄を帰結するが、それに対して、「ハシディズム」の強調することは、律法《トーラー》に対する真の知識と責任の必要性であった。「ハシディズム」の律法観の根底にあるものは、神はその創造した世界を人間を通して完成するという伝統的信念である。しかし、このことはメシアを待ち望むというよりも、むしろ日常生活の個々の行為を聖別することによって実現される。もともと、律法《トーラー》の本来的意味はこのような日常的行為の聖別にあるというべきであろう。このようにして、「ハシディズム」は律法《トーラー》を、廃棄すべきものとしてではなく、かえって人間の責任において全うすべきものとして、生命へと転じたのである。第三に、フランク主義の善悪、聖俗の無差別の思想に対して、「ハシディズム」はそれらに真の明確な区別を与えている。一般に、神が汚れた世界にはいりこみ、また人間が悪をもって神に仕えなければならないという思想は、ユダヤ精神に本来的に属するものであるが、それは決して善悪一如、聖俗一如の無差別を帰結するものではない。これら両者の間には明確な区別が存するにもかかわらず、この区別を無差別とみるのはフランク主義の幻想にほかならない。しかし、この区別は二元的対立として永遠に残るのではない。悪は方向を失った無分別な力である限り、もしそれに正しい方向が与えられるならば、聖別され、善へと転じられるとみるべきである。以上によって、「ハシディズム」がいかなる意味でフランク主義の解毒剤となったか明らかであろう。「ハシディズム」が、サバタイ・ゼヴィのメシア運動という共通の背景の下で、フランク主義の後ではなく、それと同時に起こったということは、きわめて有意義なことといわなければならない。

三　「カバラ」との関係

以上によって、「ハシディズム」が出現するに至った歴史的必然性が明らかになったと思う。すなわち、「ハシディズム」はラビの形式主義とフランクの虚無主義との間にあって、受難のユダヤ人大衆に真に再起する力を与え、神とイスラエルとの正しい関係の回復を通して、新しい生活態度を確立するところに、その真の使命があったとみるべきであろう。しかし、他方また、「ハシディズム」は過去のユダヤ精神の伝統から離れて、それと無関係に生じたものではない。むしろ、その反対に、過去のユダヤ精神の伝統につよく根ざしているばかりでなく、その伝統を過去のいかなるユダヤ教の運動よりも真に正しく生かしたものとみるべきである。ところで、過去のユダヤ精神の伝統のなかで、「ハシディズム」がもっとも密接な内面的関係をもっているものは、中世のユダヤ的神秘説「カバラ」の思想である。もっとも、「カバラ」と密接な関係に立つものは、「ハシディズム」に限られているわけではない。すでに言及したように、サバタイ主義もフランク主義も「カバラ」思想の影響の下にあったのであるが、「ハシディズム」はその受けとり方においてそれらと本質的に異なっていたのである。すなわち、「ハシディズム」はラビ主義のように「カバラ」と戦ったのではなく、またサバタイ＝フランク主義のようにそれを破局の方向へ導いたのでもなく、むしろそれを引き継ぎ完成しようとする建設的意味をもつものであった。しかし、それにもかかわらず、「ハシディズム」は「カバラ」から区別されなければならない多くの点をもっているのである。では、「ハシディズム」はいかなる点で「カバラ」の思想を継承し、またいかなる点でそれから分離するのであろうか。これらの点を明らかにするために、まず「カバラ」とは何であるか簡単に説明しておこう。

もともと「カバラ」(Kabbalah) とはヘブル語の「伝承」の意味であるが、ここでは神や世界について受け継がれた秘義として、ユダヤ精神の内部に展開した神秘説を指していうのである。一般に、ヘブル的神秘説は受難のユダヤ人がこの現実的世界を越えた「神の玉座」(エゼキエル第一章参照) の世界の幻にあこがれ、それに帰還しようとする「玉座神秘説」(Maaseh Merkabah) と世界の創造を神の流出とみることによって、神と世界、神と人間との融和をはかろうとする「創造神秘説」(Maaseh Bereshith) との二つに分けられる。これらヘブル的神秘説が、唯一神論の立場にたつ本来のユダヤ精神に対していかなる意味をもつか問題がないわけではないが、少なくとも空虚な形式的律法主義に陥りやすい危険性をはらむユダヤ教に、その内部から新鮮な生命を吹きこみ、その精神化、内面化に役立ってきたことは大きな貢献といわなければならない。ところで、「カバラ」は以上ヘブル的神秘説の二つの類型のうち後者の系統に属するものであるが、彼らカバリストにとってはもはや現実的世界を越えた「神の玉座」の世界が問題ではなく、むしろそのような神的世界がこの現実的世界といかに関係し、またいかにしてそのなかに人間の救いが可能となるかということが重要な関心事となったのである。「カバラ」の思想的起源は古くユダヤ教の内部にまで遡りうるが、実際には七世紀ごろから新プラトン主義、新ピュタゴラス主義、またゾロアスター教などの影響の下に形成されたといわれている。この「カバラ」思想の流れのなかで、もっとも強い感化を与えたものが、十三世紀になってスペイン系の若いユダヤ人モーゼス・ド・レオン（Moses de Leon, 1250–1305）によって編集された「ゾーハル」[3]（Zohar）と、一四九二年ユダヤ人のスペイン脱出後パレスチナのサフェド（Safed）で展開されたイサク・ルリア（Isaak Luriā, 1534–1572）によるその解釈である。前者は神の世界創造の秘義を説く神知学的体系であるが、後者は多くそれに依存しながらも、さらにメシアによるこの世の救いをはやめるための実践的指針を与えた点において一歩前進を示したものである。今ここに「カバラ」の内容に深く立ちいることは許されないが、「ハシディズム」との関係において、必要な点を明らかにしよう。

「ゾーハル」はもともと「モーセ五書」の注解書であって、そのなかから一貫した思想的体系を汲みだすことは容易ではない。しかし、その中心となる思想は、ヘブル語の原義「光輝」の概念が示すように、神の世界創造の秘義を、中心から流れ出る光の流出として解明しようとする点にある。ところで、創世記の光の創造についての節に示されているように、光も、またその後につくられたものも、直接的に神によってではなく、「神の言」によってつくられたのである。万物の背後にある神は知ることが許されない。神は測りがたい「無限者」(En Sof)、あるいは「無」(Ain) である。人間は、かれ (Mi) がだれであるかという問いによって神を名づけうるのみである。しかし、文字の転置によってAinがAin (われ) となるように、究極的な神は自己を「われ」として自覚する。このことは自己が何であるかということと同様に、自己が何でないかということを自覚することである。このような神の自己限定、あるいは神の自己収縮を通して、神ならざる世界の創造が可能となるのである。「ゾーハル」はこの神の世界創造を神の流出である、いわゆる一〇個の「セフィロート」(Sefirōth) ――(1)神の王冠 (Kether)、(2)神の知恵 (Hokhmah)、(3)神の理知 (Binah)、(4)神の愛 (Hesed)、(5)神の力、あるいは義 (Gevurah, Din)、(6)神の憐れみ (Rohamim)、(7)神の忍耐 (Netsah)、(8)神の威厳 (Hod)、(9)神の生命活動の基礎 (Yesod)、(10)神の国 (Malkhuth) あるいは神の住居 (Shekhinah) ――によって説明する。もともと、「セフィロート」とは数を意味するのであるが、「カバラ」では神の力の出現、あるいは神の流出の領域を指示する言葉として用いられている。これら一〇個の神の流出の領域はそれぞれ異なった神の名称と連関して述べられているが、必ずしも段階的上下の関係を示すものではなく、神の力の表現の種々相をあらわすものといえよう。「無限者」は隠れた神であるが、ただ秘義を授けられた者に対して、現われた神としてその認識が許されるのである。ところで、これら一〇個の「セフィロート」の最後にくるものが、「神の栄光」に満ちた「神の住居」(Shekhinah) としての世界である。隠れた神の本性と世界に内在する神の栄光とは本来的に結合されたものであるが、アダムの罪によって破られ、これら両者は分離されるに至った。この分離を再び結合するところに救いが完成するのである。これは人間の敬虔な行為と神への献身を通して始められる。なぜなら、人間は神と世界との根源的調和を実現するために、自由意志、つまり神の共働者となりうる力をもつものとして創造されたからである。つまり、人間は身体と精神の合成体であるが、精神を通して神の火花、すなわち神的要素をそのうちにもつからである。「ゾーハル」は直接的に倫理の問題に言及するところは少ないが、以上のような人間に課せられた使命は必然的に人間をして神の義の実現という実践的問題へと向かわしめるであろう。

ルリアの思想は多く「ゾーハル」に依存しながらも、より強く有神論的傾向をもつこと、またイスラエルとこの世のメシア的救いを実現するために人間の力を一層重視したことなどにおいて異なっている。ルリアの思想の中心的概念は Tsimtsum ということである。一般に、この語は「専心」、あるいは「収縮」のことをいうのであるが、カバラ的用語法ではむしろ「隠退」の意味に理解すべきであるといわれる。では、何故このような概念が必要となるのであろうか。この問題はいわゆる「無からの創造」の問題に関連するであろう。すなわち、もし神以外に何物もないとするならば、神はいかにして自己以外の世界を創造することができるであろうか。ルリアによれば、神は自己のなかの一種の神秘的な根源的空間ともいうべき部分を棄て去ることによって、世界に場所を与えなければならない。言いかえれば、世界創造のために神のなすべき第一の働きは、まず神が自己自身のなかに隠退することである。次いで、このようにして分離された根源的空間にその光を照らし輝かすことによって、世界の創造が始まるのである。以上のように、神の世界創造は、いわば隠退と分離との緊張関係として成立し、前者は後者に先立つ必須の要件であったのである。この隠退と分離との緊張関係は「ゾーハル」の神の自己限定の思想をさらに徹底するものであろう。なぜなら、「ゾーハル」における神の流出の思想がややともすれば神と世界との連続的関係として汎神論的傾向に陥るのに対して、この場合、神と被造物との関係を断絶とみるヘブル的神観の立場がより強く打ち出されているからである。ところで、神の光の根源的空間への照出は、初めはまとまった全体として直線的であるが、それぞれの独立した「セフィロート」

に分かれるに従って、そのためにつくられた特別の容器によって受けとめ保存されなければならない。上位の「セフィロート」はそれぞれの容器におさまったが、六番目になって神の光は突如として噴出し、その容器が、破壊されるに至った。その結果、神的調和は破れて「神の栄光」はこの世から追放され、神の火花は物体世界のなかに落ちこみ、悪の力である暗黒の固い殻（qelipot）に囲まれることとなった。この過程は人間の堕落によって確証されるであろう。しかし、この神の火花をその閉じ込められた殻のなかから解放し、再び神的源泉と結合するようにおくり上げることは、人間の力に属することである。このように人間が暗黒の力にうち勝つことによって、神的調和の回復が可能となり、人間と世界との救いが完成するのである。もちろん、人間の力に限界があるかぎり、その救いは神がこの世にメシアという形式で降す恩恵によって完成されるとしても、人間はそのために特別の行為をもってそれに応じなければならない。すなわち、この目的のために、人間はすべての律法《トーラー》を守るのみでなく、精神を集中する特別な行為が要求されたのである。しかし、現実的にはこのような行為の内面的意味が失われ、ただメシアの降臨を促すための迷信的な呪術的行為に堕落したといわれている。

さて、「ハシディズム」は以上「カバラ」にあらわれた「神の住居」「神の火花」「人間の自由意志」などその他多くの点においても、その思想的伝統を継承するものといえよう。しかし、それは「カバラ」の思想をそのまま引き継いだのではなく、かえってその内容を更新し、新しい生命を与えたのである。われわれはこれら両者の顕著な相違点として次の三点をあげよう。第一に、「ハシディズム」は「カバラ」の秘義的性格と対抗する。すなわち、「カバラ」の奥義は選ばれた少数の人々にのみ開示されると考えられたのに対して、「ハシディズム」は万人に妥当する真理として知者にも無知なる者にもすべてに開放されている。知者のためのみにある真理、無知なる者に許されない真理は生きた具体的真理とはいえない。「ハシディズム」ほど大胆に愛をもって無知な人間を称賛する教えは他にあまりみないであろう。第二に、「カバラ」が、他のグノーシスの場合と同様に、その根本的原理として、善悪の二元論を対象化、図式化するのに対して、「ハシディズム」はその二元的対立を全存在をもって生き抜くことによって、その克服を志すのである。「ハシディズム」のかかわる真理は対象化、図式化された客体的知ではなく、善悪の矛盾に耐えそれを生き抜く主体的知である。この主体的知に徹するところに人間の具体的生の真の意味が存するであろう。第三に、「ハシディズム」がとくに「カバラ」と対立するのはその呪術化に対してである。メシア的救いの完成は、自己の力で他を支配しようとする迷信的な呪術的行為によってではなく、その反対に自己の全存在を神に捧げる献身的行為によって達成されるのである。「ハシディズム」の関心事は、人間の行為を通して、この現実の世界に神の隠れた光を輝かすることにほかならない。

以上によって、「ハシディズム」の歴史的、思想的系譜が明らかであろう。では、ブーバーは「ハシディズム」の内容をいかなるものと考えていたのであろうか。

四　「ハシディズム」の特質

さて、ブーバーは「ハシディズム」の特質として次のような諸点をあげている。まず、「ハシディズム」は教えではなく、ある種の生活態度、しかも本質的に共同体を形成する生活態度であるということである。「ハシディズム」において、教えと生活との関係は、生活を教えの実現とみるべきではなく、その反対に、理論的表現や神学的解釈を求めるものが生活であるという点に存する。このことは「ハシディズム」の神学的創始者であるといわれるドヴ・ベエルさえ、その師バール・シェムから多くのことを学びながらも、決して彼を「師」と呼ばなかったという事実によっても明らかであろう。バール・シェムが彼に伝えたものは、新しい神学的知識ではなく、この地上の世界と、かの天上の世界との生きた具体的関係であったのである。まことに、バール・シェムはその固有の生活を通して、非常につよい感化を与えた、宗教史上もっとも重要な人物のひとりであるといえよう。このように、これらの人々は彼の教えから出発したのではなく、むしろその生活が教えとして働くという意味での教えを志したのである。彼らの生活は神学的注釈を必要とするが、それに役立つものは往々にして断片的な彼らの言葉だけである。われわれに知られているバール・シェムの言葉についても、それが重要な意義をもつのは、それらの言葉から抽象される客観的内容ではなく、むしろそれらが生活を指示しているという意味においてである。

では、ブーバーがここに指摘する「ハシディズム」の生活態度とはいかなることをいうのであろうか。端的にいって、それは交わりの生活の形成である。しかし、このことはある特定の結社や、また一般社会から分離して秘義的教義を守る孤立的教団をつくることではなく、かえって、その置かれた場所にあって、すなわち家庭・職場・社会生活を通して、そのなかにとどまりながら、その場所に交わりの生活を確立することである。それゆえに、この交わりの生活には同一の生活態度をもつ人々の一群が生じてくる。彼らは異なった階層に属し、異なった性質をもっているが、生活を通して教えを伝えるという共通の特質が与えられている。彼らの交わりの生活は決して理想的人間の集まりではなく、その指導者たちもキリスト教や仏教の聖者のようなものでもない。それにもかかわらず、「交わりの生活は交わりの生活であり、指導者は指導者であった」のである。この両者が生命的に結合するかぎり、「ハシディズム」の花は咲きつづけたのである。

以上のようなハシディズム的交わりの生活の中心となる指導者は「ツァディーク」(Zaddik)と呼ばれている。この語は、一般に、「義者」を意味するヘブル語であるが、実際には「証しされたもの」を指示する言葉として用いられている。この「ツァディーク」の概念はすでに「カバラ」の文献やその他一般の伝承のなかにも見いだされるが、「ハシディズム」はそれに新しい内容を与えたのである。すなわち、「カバラ」では神の秘義をうけ神の代理として働く神と特別の関係をもつ人々を指していうのであるが、「ハシディズム」では、さらにその上に、神の代わりに交わりの生活を導くもの、いわば、神と交わりの生活との間の仲保者を意味したのである。とくに、このような新しい指導者の問題が、サバタイ＝フランク主義の危機に直面して、その去就に迷う東ヨーロッパのユダヤ人にとって、きわめて重要な意味をもっていたことはいうまでもない。彼らが真に求めたものは、彼らをその翼の下に抱き、迷う心に安住を与え、虚脱のなかに秩序をうちたて、再び信仰と生活とを取りもどすことを可能にするような指導者であった。言いかえれば、形式的な律法の適用でも、空虚な教えについての説教でもなく、生きた具体的生活のなかで、何を信じ何をなすべきか明確に示しうる指導者のみが必要であったのである。「ツァディーク」は、すべてこのような人々であったといわれている。とりわけ、バール・シェムにひきつづく五世代の問の「ツァディーク」は、宗教史のどこにもこれほど短期間のうちに輩出しなかったほど、それほど、生命力にとみ、かつ個性的な宗教的人格のグループをつくってきたのである。彼らは、サバタイ＝フランク主義の偽メシア運動と異なって、自己に托された魂に対して責任をとるが、その半面、各々の魂に責任の火花が消滅するのを許さなかったのである。また、フランク主義は律法《トーラー》の解消を主張したが、「ツァディーク」は自己自らが生きた律法《トーラー》であることを証したのである。「ツァディーク」と「ハシディーム」との密接な相互関係は、しばしば精神と身体との関係にたとえられる。精神は身体よりもより聖なるものと誇ってはならない。精神はただ身体のなかにはいり込み、その肢体を通して働くことによってのみ完全となりうるからである。また、肉体も精神の基体であることを誇るべきではない。もし、精神が身体を去るならば、それは消滅せざるをえないからである。このように、「ツァディーク」は「ハシディーム」を必要とし、また「ハシディーム」も「ツァデーィク」を必要とする。もし「ツァディーク」が神に仕えるのみで「ハシディーム」を顧慮しないならば、彼は無意味な存在となるであろう。したがって、「ツァディーク」は、その性質上、その関係する「ハシディーム」の集団の数だけ存在することとなるのである。しかし、彼らはだれも自己を絶対的と考えないばかりでなく、たとえそれら集団相互の間の争いや「ハシディーム」の間に嫉妬があるとしても、この「ツァディーク」の複数制を破壊するほど強固なものではなかったといわれている。しかしながら以上のような「ツァディーク」の特質は、不幸にして、また同時にその欠点ともなったのである。なぜなら、現実的には「ツァディーク」の堕落によって、「ハシディーム」との間の深い生命的な相互信頼の対話関係が破壊され、ついにこの熱烈な信仰運動を破局に導く結果となったからである。

次に、上述のような「ハシディズム」の固有な生活態度を生み出す根拠となった信仰内容の特質について考察しなければならない。「ハシディズム」の信仰の中核は、一言をもってすれば、ルリア派の「カバラ」に示された終末的メシア思想を現在的メシア思想へと転換した点にあるといえよう。「ハシディズム」は決して一般大衆の熱烈なメシア待望の希望を弱めたのではない。ただこの未来の救いに対する信仰を、現在の救いに対する信仰に変えたのである。「ハシディズム」は万物における神の臨在を主張する。世界は「神の住居」にほかならない。人間は世界のなかに神をみ、その行為を通して神と接することができる。人間の生きる現実の瞬間瞬間が神の救いの成就する時である。したがって、この世界を、この生活を、この生の瞬間を、あるがままに神に捧げることが人間に課せられた最大の責務であるといわなければならない。ユダヤ的メシア思想を唯一回的な世の終わりの出来事として、またその出来事の中心としてのひとりの人間像に対する信仰とみるのは誤りである（この点キリスト教に対して批判的である）。神と共に働く力が人間に許されているという確証は、世の終わりを現在の生と直結するのであろう。

ところで、以上のような「ハシディズム」の現在的メシア思想の根拠となったものが、後期「カバラ」から受け継いだ火花の思想であることはいうまでもない。しかし、それを人間の全存在にかかわるものとして倫理的意味を与えたところに「ハシディズム」の特色があったといえよう。「ハシディズム」が「エートスとなったカバラ」といわれるのも理由のないことではない。すでに言及したように、「カバラ」の火花の思想によれば、神の世界創造にあたり、神の火花が万物のなかにおちこんできたのである。これらの火花のうち、鉱物・植物・動物などにおちこんだものは身動きができないように閉じこめられている。この閉じこめられた火花はそれぞれその根源である神へ帰還することを求めてやまないが、その解放はただ人間を通してのみ与えられる。人間の務めは、彼が日々出会う事物や存在から火花をきよめ、鉱物から植物へ、植物から動物へ、動物から人間へと、ついにその根源である神へ帰るまで高めてゆくことである。このような人間の務めは日常生活の真ただ中で起こるといわなければならない。人間が着る着物、人間が食べる食物、人間のために働く家畜、すべてこれらのなかに解放を求める火花が隠されている。もし人間がこれらの事物を注意深く善意と真実をもって取り扱うならば、そのなかに閉じこめられている火花を解放することができる。このように、人間は万物に対して正しい関係をもつことによって自己の真の生活に達するばかりでなく、世界の救いに参与するのである。このことは神が人間に托した使命であり、またこれを通して人間は全存在をもって神に仕えることができる。ここからして、この世における生の瞬間をたえず神に向かって聖別する「ハシディズム」の、いわゆる「日常性の聖別」の生活が始まるのである。

以上のように、神の火花が万物に臨在するかぎり、この世界にはそれ自体悪しきもの、それ自体けがれたものは何も存在しない。一般に、悪と呼ばれるものは自己のなかに閉ざされた火花の神への帰還を妨害する、いわば方向を失った力を意味するにほかならない。しかし、もしこの同じ力に正しい方向が与えられるならば、それは真の善、真の聖を生み出すものへと転じられる。このように、善と悪、聖と俗とが相互に存在するのではなく、ただ力と方向があるのみである。人間の罪もこのような力の迷いにすぎない。この迷いの力もその源泉は神からくるのである。神の臨在は万物を無差別におおっている。たとえ人間が罪を犯す時でも、神の臨在はそれを包むのである。もしそうでないならば、人間は悪を善にかえる力さえ喪失することとなるであろう。罪人さえもけっして失われた存在ではない。罪に支配されても神に転向しうるものは、真の内的献身なしに形式的に律法《トーラー》を守り、自らを義として転向のとびらを閉ざすうわべだけの義人よりも、はるかに神に愛せられるであろう。「ハシディズム」はこのような神への転向を Teshuvah と呼んでいる。それは悪をなす力をすべて神に向ける、心からの悔い改めである。この転向を通して、人間は万物に閉じこめられた神の火花を解放し、ここに初めて神と世界との結合、すなわち、Yihud が実現するのである。ブーバーは上述のような「ハシディズム」の真髄を次のように要約している。「ハシディズムはユダヤ教の完成である。そして、その万人に対する使信は、君自ら始めよということである。もし自ら積極的な愛の働きをもって存在のなかにはいりこみ、そのなかに意味を明示しないならば、君の存在は無意味に止まるであろう。万物は君によって聖別されるのを待ち望んでいる。つまり、君によってその意味が見いだされ、実現されるのを待ち望んでいる。君がこのことを始めるために、神はこの世界を創造し給うたのである。神が世界を遠ざけ給うたのは、君が世界を神に近づけんがためである。君の全存在をもって世界と出会い給え。そうするならば君は神に出会うであろう。この世における君の天分を神が自ら受けいれ給うのは、神の恵みのおかげである。もし君が信仰を学ぼうと思うならば、先ず愛することである」(Wende, SS. 80f.)。

五　「ハシディズム」と禅

ブーバーは「ハシディズム」の宗教史上に占める地位を明らかにするために、とくに禅との比較を試みている。この点はわれわれ日本人にとって、非常に興味あることといわなければならない。すでにみてきたように、ブーバーはその生涯の初期の神秘主義研究の時代から東洋思想に多大の関心をもっていたのである。彼はすでに一九一〇年「道教」(4)についての論文を発表したばかりでなく、一九二三年に発刊された『われとなんじ』において、その影響の一端をうかがうことができるとともに、また彼の仏教思想についてのうんちく(薀蓄)も知ることができる。その後、フランクフルト大学で宗教史の講座を担当するようになって、東洋の宗教や思想に対する関心がますます強められてきたであろうことは想像するにかたくない。したがって、ブーバーが「ハシディズム」と禅との比較を試みているからといって決して偶然的な事柄ではない。

まず、ブーバーは「ハシディズム」と禅が思想的に非常に密接な類似性をもっていることを明らかにしている。第一に、これら両者の類似性として不立文字ということがあげられる。禅思想によれば、絶対は思惟することも、また表現することもできない。絶対は対立を越えたものであるにもかかわらず、思惟はすべてその対象を対立の法則の下に置き、たえず絶対を相対へと転ずるからである。それゆえに、絶対が捕捉されるのは普遍的なものによってではなく、人間がそれを生きている具体的なものを通してである。そこでは思惟も表現もすべて拒否されるべきである。このように、真理を開く鍵が人間の生の具体性であるという点において、禅も「ハシディズム」も本質的に一致するものといえよう。師家も「ツァディーク」もともにそのなすべきことに専心し、弟子をその生活に参与させ、自ら真理の道を悟らせるのである。人間世界の真理は知識の内容としてではなく、かえって人間の具体的存在にかかわるものとして捕えられるのである。すなわち、人間はそれを思惟したり、表現したり、また理解するのではなく、むしろそれを生き、生命として受けとるべきである。この意味において、禅も「ハシディズム」も、いずれも真理についての多識を否定するのは当然といわなければならない。

第二の類似点は、禅も「ハシディズム」も、ともに沈黙を尊重するということである。しかし、このことはすべての表現の抑制ということではなく、言葉で表現できないものを概念化することに対する反対を意味するのである。両者とも詩歌をもち、また禅の絵画に対して、「ハシディズム」の踊りがあるが、これらはある種の表現として理解されるであろう。このように、沈黙を守るということは必ずしも絶対的意味でいわれているのではない。ある「ツァディーク」は「いかに話すかを知るために、沈黙を守ることが必要である」と述べ、またある師家は「言葉は乱用である。しかし、沈黙は詐欺である。この両者を越えて険しい道がある」といっているのも、以上の事情をよく物語るものであろう。たとえ、彼らと弟子との会話のなかに明らかに皮相なものがあると思われても、実際これらの言葉には深い意味が隠されているのである。

第三に、禅も「ハシディズム」も、ともに師と弟子との関係を中心的と考える点において共通の類似点をもっている。他の多くの宗教運動のなかで、これら両者ほど極度に師から弟子への精神の移植をとくものは稀であろう。そこでは、真理は所有されることによってではなく、むしろ伝達されることによって尊敬されるのである。師家や「ツァディーク」の言行録の目指すところは、このような真理伝達である。ただ両者の異なっている点は、禅において弟子は特定の人に限られているが、「ハシディズム」では一般の大衆であるということである。また、弟子の訓練についても、これら両者は類似したきびしさをもつが、禅においては弟子が自ら悟りをひらくことが要求されるのに対して、「ハシディズム」では師と弟子との関係は相互に対話的である。

しかし、以上の類似点にもかかわらず、これら両者の間には本質的な相違点のあることを認めなければならない。まず、第一の相違点は実在と人間との関係についてである。禅において、真の絶対への道は人間の自己自身に対する関係のなかに見いだされる。言いかえれば、それは人間が自己のなかに仏性を自覚することであり、したがって、そこには、絶対と人間性との同一性が前提されているといわなければならない。ところが、「ハシディズム」において、たとえ「カバラ」の流出思想の影響の下に多少の変容を受けたとはいえ、神と世界、絶対と人間との関係については純粋にヘブル的立場が堅持されてきたのである。「ハシディズム」に神秘体験が許されているとしても、決してそれは神と人間との同一性を示すものではなく、これら両者の間の断絶性は厳然として残されているのである。しかし、このことは神と人間とが全く無関係であるというのではない。神と人間とは、創造者と被造物として断絶の関係にありながら、かえって相互に応答的、対話的関係に立つと考えられている。さらに、そればかりでなく、「ハシディズム」においては、禅のように歴史性から解放された宗教の場合と異なって、個人と歴史との分離は決して起こりえないのである。神は依然としてシナイの神であり、「ツァディーク」は依然として律法《トーラー》の具現者にほかならない。イスラエルにおいては、いかに個人的色彩の強い宗教でも、すべて歴史との結合から起こるのである。

次に、第二の重要な点は、具体的なるものについての考え方の相違である。すでに言及したように、禅も「ハシディズム」も具体的なるものが真理に到達する唯一の道であると考えている。しかし、それに対する考え方について、これら両者の間には根本的な相違点のあることを注意しなければならない。禅において具体的なるものは、絶対を志向する人間精神を、比量的思惟から転ずる契機として有用であると考えられている。つまり、ここで問題となっていることは、具体的なるものそのものが尊重されているということではなく、むしろそれがすべての概念を超越する絶対に到達する手段として有用であるというかぎりにおいて尊重されるにすぎないのである。

しかるに「ハシディズム」においては、具体的なるものそのものが宗教的関心の重要な対象となっているのである。なぜなら、それは単に概念によって捕捉できない具体的真理をあらわしているという理由からのみでなく、むしろ神の火花の住居としてそのなかに神的なるものが閉じこめられていると考えるからである。人間はそれと正しい関係を結ぶことによって、この世界における神的なるものの運命にふれ、その解放に役立つことができる。したがって、ブーバーは、禅の具体主義は弁証法的であり、その目的とするところは止揚（Aufhebung）であるが、「ハシディズム」のそれはメシア的であり、その目指すところは実現（Erfüllung）であるといっている。

さらに、時間の問題についても禅と「ハシディズム」との間には大いなる相違点があることに注目しなければならない。禅にとって、絶対的実在はただ瞬間に——そのなかに内的悟りの可能性が含まれているから——帰属する。このような瞬間の前には時間の次元はすべて解消するのである。これに対して、「ハシディズム」は禅と同様に瞬間を尊重するとしても、それは孤立した瞬間としてではなく、むしろ過去の啓示と未来の救いとの関係において捕えられた瞬間としてである。このことによって、「ハシディズム」は、歴史に一貫せる神の意志をみとめ、悟りの瞬間を非歴史的なものへの転落から救いあげることができるのである。ブーバーが「ハシディズム」を時が聖別される唯一の宗教であると考えているのも理由のないことではない。

III　われとなんじ
――対話の世界――

一　対話的思惟の形成

ブーバーのもっとも円熟した思想は、その哲学的宗教詩ともいうべき『われとなんじ』（Ich und Du）のなかに見いだされる。この書物は一九一九年の秋から一九二二年の春にかけて執筆されたといわれるが、出版されたのは一九二三年、つまり、彼が四五歳の時であった。それはバルトの『ロマ書』におくれること五年であるが、ハイデッガーの『存在と時間』に先立つこと三年、またヤスパースの『哲学』があらわれる九年前のことである。これをもってしても、彼の『われとなんじ』が、新しい哲学的時代の先駆となったことは明らかであろう。すでに言及したように、ブーバーがこの書物の草案を、やむにやまれぬ内的必然性にかられて書いたのは一九一六年であったが、その構想ははやく青年時代から温められていたのである。彼は学生時代に親しんできたキールケゴールやフォイエルバッハを通して、すでに「われ—なんじ」の問題の重要性について、ある種の予感を抱いていたようである。しかし、この問題が、とくに、彼の思想の中心課題となってきたのは、「ハシディズム」が彼の心を捕えるようになった一九〇五年以後のことであったといわれている。一九〇七年に発刊された『バール・シェム伝』の序文に、「…聖徒伝(Legende)はわれとなんじ、召されたものと召すもの、無限者のなかにはいりこむ有限者と、有限者を必要とする無限者との神話である」と述べている。また、ひきつづき一九一九年の九月に書かれた『偉大な説教者とそのまねび』(一九二二年刊)の序言には、ユダヤ教の教えが「人間のわれと神のなんじの二重の関係性・相互性・出会い」に基礎を置くことを明らかにしている。『われとなんじ』の最初の下書きが、一九一六年の草案を中心として、十分に推敲されないままにできあがったのは、その直後のことであった。このころになって、人間を主体として包む実在の世界が、「われ」と「なんじ」との対話、あるいは出会いの世界であることが、ブーバーにとってやっと明確に自覚されるようになってきたのである。『われとなんじ』を著わしてからのブーバーは、すでに彼の生涯を通してみてきたように、そのなかに示された根本思想を、いかにして現実の複雑な諸問題に適用するか、というような実践的問題に対して深い関心をよせている。それとともに、ブーバーはその根本思想をいかにしてより具体的に説明するか、また不明瞭のままに残されている点をいかにしてより明確に解明するか、というような理論的問題に対しても意欲的な情熱を傾けている。とくに、このことは彼の思想についての外部からの批判や反対意見に対する彼自身の解答として果たすべき当然の義務と考えられていたのである。

以上のような目的の下に、ブーバーは『われとなんじ』についで、次の諸論文を発表している。「対話」(Zwiesprache, 1932)、「単独者への問い」(Die Frage an den Einzelnen, 1936)、「人間の問題」(Das Problem des Menschen, Heb. 1943)、さらに、後年二度目のアメリカ訪問の際、ワシントンで行なった講演「原距離と関係」(Distance and Relation; Urdistanz und Beziehung, 1951)、「人間の間柄の諸要素」(Elements of Interhuman; Elemente des Zwischenmenschlichen, 1951)、また以上の諸論文をまとめて出版した『対話的原理論集』(Die Schriften über das dialogische Prinzip, 1954) の跋文として書かれた「対話的原理の歴史的系譜」(Zur Geschichte des dialogischen Prinzips)、および「ロゴス—二つの講演」(Logos—Zwei Reden, 1962) などが加えられている。これらのうち、「対話」は『われとなんじ』が発表されたあと、その根本原理を具体的な例証をあげて説明するために、Die **Kreatur** 誌のために書かれたものを集めたものであるが、ブーバーの自叙伝的回想を含み、生々とした体験を通して「われ—なんじ」の問題を解明しようとした点は大いに注目すべきである。また、『単独者への問い』は一九三三年ドイツ、およびスイスの三つの大学で行なった講演をもとにして書かれたものである。この論文においてブーバーは、一方キルケゴールの「単独者」や、シュティルナーの「唯一者」の批判を通して、自己の対話の哲学の立場を明らかにするとともに、またナチスに迎合したゴーガルテンの神学的立場とも対決している。ナチスの全体主義の批判を含むこの論文の発表が許されたことは、一面驚異に値することであるが、事実はナチス当局がブーバーの真の意図を理解しなかったからであろうといわれている。『人間の問題』は、すでに述べたように、彼のヘブル大学の就職論文を出版したものであるが、一方、『われとなんじ』に含まれている「関係」、「出会い」、「対話」などの問題を「間の領域」、あるいは「人間的現実の原範疇」として捕え、その人間学的意味を哲学史的に解明するとともに、他方また、彼の社会思想に哲学的根拠を与えるものとして、彼の著作のなかでもっともアカデミックな意味をもつものの一つである。「原距離と関係」「人間の間柄の諸関係」は「われとなんじ」の問題をそれぞれ人間学的、社会学的観点から考察したものである。「対話的原理の歴史的系譜」は小論ではあるが、デカルトに始まる近世以降の観念論的自我哲学の克服を目指して、ブーバー以前、および以後に展開された彼と同様な思想に対して、彼自身の立場の独自性を位置づけるものとして注目すべきであろう。以上の諸論文はいずれも、ブーバーの主著『われとなんじ』を補い深めるものであるが、それぞれ単独で重要な意味をもつことはいうまでもない。したがって、以下これらの諸論文を参考にして、ブーバーの『われとなんじ』に示された根本思想を探ってみよう。

二　根源語

まず、最初に、ブーバーが題目として取りあげている「われとなんじ」(Ich und Du) の意味について考えてみよう。とくに、ここに問題となるのは「なんじ」の用語法についてである。周知のように、ドイツ語の du; Du という言葉は人称代名詞二人称の単数であるが、同じく相手をさす Sie が自分との間に儀礼的な距離を置く敬称であるのに対して、親子・兄弟・夫婦・親友などの特別に親しいものの間、または神に対して用いられる親称として用いられている（英語では二人称のこのような用法は神に対する祈りの中にのみ残されている）。ブーバーの用語法もまたこのようなドイツ語の慣例的用法にしたがっていることはいうまでもない。すなわち、「われ―なんじ」とは上述のような親子・兄弟・夫婦などのように距離のない、もっとも親しい人間の相互の関係を示すものといえよう。しかし、それは決して自他の区別のない無差別の状態を指していうのではない。たとえ親子・兄弟・夫婦などのような密接な間柄であっても、一方が他方を自己のために隷属化、手段化することは許されない。彼ら両者の間に真の関係が成立するためには、いかに親密であっても自他の区別を明確にするとともに、その相手を他の何ものにも代置しえない、唯一独自の絶対存在として、相互に肯定し尊重し合うことが必要であろう。なぜなら、「なんじ」は何ものによっても限定されない自由な主体的存在であるからである。ところで、このような関係は、同時に、「われ」が自己の全存在をもって「なんじ」に語りかけ、また「なんじ」から語りかけられる「われ―なんじ」の対話的、応答的関係としてのみ成立しうるであろう。ここにブーバーの使用する「われ―なんじ」の真の意味があったのである。しかし、ブーバーにとって、この「われ―なんじ」の関係はただ単に密接な近親関係や友人関係の間にのみ限定されるものではなく、ひろく一般に人間と自然、人間と人間、社会と社会、民族と民族、国家と国家との関係を規定するもっとも根源的な実在の原理を意味したのである。なぜなら、とくに、このことは人間が語る「われ―なんじ」という言葉の普遍性によっても明らかに示されていると考えたからである。以上のような点に、ブーバーが彼自身の哲学を「われとなんじ」として捕捉しようとした根本的理由が見いだされるのではなかろうか。

さて、「われとなんじ」の出発点となったブーバーの哲学的立場は、いわゆる「言語の哲学」、あるいは「人格の哲学」として特色づけられるであろう。なぜなら、ブーバーが一方人間の語る「根源語」(Grundwort) から人間存在の意味を理解しようとするかぎり、それは「言語の哲学」であるが、他方その根源語の両極である「われ」と「なんじ」とがそれぞれ客体化、物件化されない自由な絶対的独立存在としての「人格」(Person) であるかぎり、それはまた「人格の哲学」とよびうるからである。したがって、これら両者は互いに表裏の関係に立ち、共にブーバーの思想の中核をなすものといえよう。では、これら両者はそれぞれいかなる意味をもつのであろうか。まず、前者の問題から出発しよう。

ブーバーはその著『われとなんじ』をいわゆる根源語の概念をもって書き始めている。「世界は人間のとる二重の態度にしたがって彼にとって二重となる。人間の態度は人間の語る根源語の二重性にしたがって二重となる。根源語は単独語ではなく、相関語である。一つの根源語は〈われ—なんじ〉の相関語である。他の根源語は〈われ—それ〉の相関語であるが、この場合、〈それ〉の代わりに〈彼〉と〈彼女〉のいずれか一つに置きかえても、根源語には変わりはない。したがって、人間の〈われ〉も二重となる。なぜなら、根源語〈われ—なんじ〉の〈われ〉は、根源語〈われ—それ〉の〈われ〉とは異なったものであるから」(Ich, S. 9)。

以上のように、ブーバーは彼の哲学の出発点にあたり、人間の語る根源語から人間の世界に対する態度（Haltung）を把握しようと試みている。ここにブーバーのいわゆる態度とは、世界が何であるかという世界についての知的反省から帰結された世界観のようなものを指していうのではない。むしろ人間がこの世界といかに自己の全存在をもって関係するかという人間の実践的あり方をいうのである。もともと、世界が何であるかという世界の本質にかかわる問題は、恐らくすべての人間にとって永遠に解きがたい謎として残るであろう。しかし、それに反して、人間がこの世界に存在しているということはだれしも疑いえない現実的事実である以上、この世界にあっていかなる生き方をするかという問題は、人間がまず自ら決定すべきもっとも根源的な課題であるといわなければならない。したがって、それは真実の生を追求しようとするものにとって、その全存在にかかわる究極的関心事であることが明らかであろう。ブーバーが彼の哲学の最初の出発点を人間の世界に対する態度の問題に求めようとした理由もこの点に見いだされるのである。では、いかなる根拠の下に、人間の語る根源語から人間の世界に対する態度が帰結されるであろうか。この問題を明らかにするために、まずブーバーの根源語の意味の検討から始めよう。

根源語はブーバーの哲学思想の中心的概念であるが、彼はその著作のなかで必ずしもそれについての明確な規定を与えていない。では、いったいブーバーは根源語によっていかなることを指示しようとしているのであろうか。また、根源語の内容がそれぞれ「われ―なんじ」、「われ―それ」と規定される根拠はどこにあるのであろうか。さらに、これら以外の根源語の形態は考えられないのであろうか。すべてこのような問題は『われとなんじ』を読む者をして最初に当惑させる問題であるといっても過言ではない。ところで、根源語とは、一般に、文法上の用語として、言葉の基体であって、それ以上分析をゆるさない究極的要素、すなわち、個々の語の語根、あるいは合成語の根幹語などの意味に使用されている。しかし、ブーバーの場合、根源語は必ずしもこのような文法上の用語として狭義に解釈されるべきではない。むしろより広義に人間の語る言葉がすべてそこから派生し、それによって規制される、言葉のもっとも根源的な基体的形態を指示するものといえよう。では、このことはいかなることを意味しているのであろうか。一般に、言葉は人間が自己の感情・欲求・意志・思考などを他人に伝達するための手段、または道具であると考えられている。けれども、このような機能はただ単に言葉にのみ限られているのではない。目つき・身振り・踊り・音楽・時には沈黙さえも自己表現の手段となるのである。さらに、また、動物の世界においてさえも、これに類似するなんらかの自己表現の方法が見いだされるであろう。「動物の目は偉大な言葉を語る力をもっている」(Ibid., S.86) といわれているのもこの間の事情をよく物語るであろう。しかしながら、言葉の真の意味は以上のような自己表現、あるいは自己伝達の機能につきるのではない。なぜなら、自己表現としての言葉は単に自己が自己に語る独語に終わり、必ずしも他者とともに語り合う可能性をもたないからである。しかるに、言葉は、その真の意味において、同時にそれが相手によって理解されることを予想すべきであろう。すなわち、言葉が本来的に指示することは「語るもの」と「語られるもの」との「対話」、あるいは「出会い」であるといわなければならない。言いかえれば、それは「語るもの」と「語られるもの」とが、ともに相手を自由な独立存在として認めつつ、相互に生きた応答的関係を結ぶことにほかならない。このような対話的・応答的関係性のなかに言葉のもっとも本来的な根源的基本形態が見いだされるであろう。それを端的にあらわすものが「われ―なんじ」の根源語である。

ところで、ブーバーにとって、根源語「われ―なんじ」は「われ」と「なんじ」との二要素が一つになって生じたものではない。それは「われ」、および「なんじ」以前のものである。「言葉による話は恐らくはじめ人間の頭脳のなかで言葉のかたちをとり、つぎにのどから音声となって出るであろう。しかし、両者ともただ真の事実の切れはしにすぎない。なぜなら、実際に言葉は人間のうちに内在しているのではなく、人間が言葉のなかにあり、そこから語りかけるからである」(Ibid., S. 38)。すなわち、言葉は精神と同様に、人間の体内を循環する血液にではなく、むしろ人間がそのなかにあって呼吸する空気にたとえられるであろう。このように、ブーバーは言葉のもっとも本来的な基本的形態を人間性の所産としてではなく、それを越えたより根源的なるものに帰している。「神聖な根源語の下にわれはなんじと関係を結ぶ」(Ibid., S. 14) といわれる理由もここにあるのである。しからば、以上のような人間の言葉がすべてそこから由来する、より根源的な言葉とは何であろうか。ここに注目すべきことは、ブーバーはそれをヘブル精神の伝統にもとづいて、端的に「神の言」と同義語に理解していたのではなかろうかということである。このことは彼が根源語にしばしば「神聖な」という形容詞をつけ、あるいは言葉の本質を啓示とみ、また根源語「われ―なんじ」の原型を「われ」と「永遠のなんじ」としての神との関係のなかに求めることからみても明らかではなかろうか。このように、言葉の根源的形態を「神の言」に求めようとする思想は、ブーバーが「カバラ」や「ハシディズム」の伝統を通してヘブル精神の忠実な継承者であったことを物語るであろう。もともと、ヘブル的思惟において、「神の言」は神の世界創造の働きを意味すると考えられている。「言葉は ユダヤ精神によって人間や世界の存在を越える出来事として認められている。ロゴスの理念が静的であるのに対して、ここで言葉はまったく動的な出来事としてあらわれる。神の創造の働きが言葉である。……」(Der Glaube des Judentums, in Der Jude u. sein Judentums, S. 189. なお、旧約聖書創世記第1章参照)。神は世界の創造者であるのみでなく、同時にまた「語るもの」である。神は語ることにおいて世界を創造し、世界を創造することにおいて語るのである。ところで、このように「神の創造の働きが言である」ということは、神がすべての存在を自己に対して対話的・応答的関係に立つものとして創造したということを意味する。「創造とはすべてそれ自体創造者と被造物との交わりである」(Glaube, S. 279)。しかし、これら神の被造物のなかで、神に対して真に主体的に応答しうるものは人間存在のみである。「……神はたえず人間に語りかけ、そして人間から語りかけられる。…神の絶対的な語りかけに対して、人間は自主的な答えを与える。沈黙の時でも、その沈黙が答えとなるのである」(Wende, SS. 85f)。「イスラエルの偉大な仕事は、万物の根源であり目的である唯一まことの神を教えたということよりも、むしろ神の対話性、つまり人間が神をなんじと呼び、神と向きあって立ち、神と交わりをもちうるということを指示したことである」(Botschaft, SS. 11f.)。以上のように、「神の言」が指示していることは、人間がその存在の当初より対話的・応答的存在構造をもつものとして創造されたということである。「はじめに関係がある。それは存在の範疇、(他者に語りかける)用意、(他者を)捕える形式、魂の原型としてあるのである。それは関係のアプリオリ、生得のなんじである」(Ich, S. 28)といわれているのも、それが神の創造の純粋な原初形態として、人間存在の対話的・応答的関係を示すと考えられたからであろう。以上のような「神の言」を端的に反映するものが人間の語る根源語である。人間が「神の言」を通して対話的・

応答的存在として創造されたがゆえに、人間の語る根源語もまた対話的・応答的となるのである。しかし、このことは単にヘブル的宗教や道徳の要請としてかくあるというのではなく、ブーバーにとってひろく一般にすべての人間的生の現実を意味したのである。彼が一方その著『われとなんじ』において、素朴な原始人の言葉や生まれながらの幼児の生活のなかに根源語「われ―なんじ」の真の意味を見いだそうと試み、また他方『ユートピアの道』という書物において、人間の技術的世界の形成能力と相並んで、社会的世界の形成能力を人間のもっとも固有な根源的能力と考えているのも、以上の意味において、決して理由のないことではない[1]。このように、ブーバーにとって、根源語は人間の存在構造それ自体に帰属するものとみるべきであろう。「なんじを語るものは関係に立っている」(Ibid., S. 10; vgl., S. 11, S. 14)。以上のように考える時、ブーバーが人間の語る根源語からその世界に対する態度を帰結しようとしたことは、むしろ当然といわなければならない。

ところで、根源語「われ―なんじ」が上述のように人間の世界に対する本来的態度を示しているのに対して、その一方の「われ」の意識がそこから分離し、絶対化される時、そこに現われるのが第二の根源語「われ―それ」の関係である。この関係において、「われ」は自己に向かい合う存在をすべて客体化、物件化し、自己目的のために経験利用の対象とするのである。すなわち、

「なんじ」は失われて、すべて個性のない、非人称的な「それ」（あるいは彼、または彼女）へと転じられるのである。したがって、そこではもはや人間と世界との間の真の対話的関係性は成立しえないであろう。このように、「それ」の世界を支配するものはすべての存在を自己の手段として利用しようとする「われ」の絶対的意識である。一般に、このような「われ」の意識は真の自己と考えられやすいのであるが、実際それは「われ―なんじ」の根源的体験が知的反省を通して分離し、結び合った相手の分裂の結果生じたものにほかならない。それゆえに、もし第一の根源語が「われ」と「なんじ」の合一から成り立たない「われより先なるもの」であるならば、第二の根源語は「われ」と「それ」との合一から成り立つ「われより後なるもの」というべきであろう（Ibid., S. 24）。この意味において、根源語「われ―それ」は、いわば根源語「われ―なんじ」の方向を見失った喪失態として成立するとみることができる。しかし、以上のことは二種類の人間が存在するということではなく、同一の人間存在の世界にかかわる関係の仕方の相違であることはいうまでもない。したがって、またそれを人間の利他的傾向と利己的傾向との対立としてみるべきではない。なぜなら、これら両者は人間性の内部に属するものであるが、根源語はそれらを含む人間の全存在の世界に対する態度を示すからである。

三　人格の問題

次に、ブーバーの「人格の哲学」とはいかなることをいうのであろうか。すでに指摘したように、ブーバーの哲学思想の中核的位置を占める概念は、根源語「われ－なんじ」であるが、その各々の項を彼は端的に人格（Person）として規定する。「根源語〈われ－なんじ〉におけるわれは人格として現われ、（従属する属格なしに）主体として自己を意識する。…人格は他の人格との関係にはいることによって現われる」（Ibid., S. 57）。このように、根源語「われ－なんじ」の関係は、他方また、人格と人格との関係として規定されているのである。ブーバーが人格を非分割的個体的全体存在であり、しかも他の何ものによっても対象化されない自由と責任の主体と考え、かつまた人間の尊厳性の根拠をそこに帰するかぎりにおいて、彼の人格概念は従来の他の多くの思想家のそれと遠くへだたるものではない。しかし、それを単に自己自身とのかかわりにおいてみる、孤立したアトム的存在としてでなく、真の連帯性をもつ「われ－なんじ」の対話的・応答的関係において成立すると考えた点は、西欧の近代思想に第二のルネッサンスをもたらすものといっても決して過言ではない。

一般に、今日のヨーロッパにおける人格思想は、人間の尊厳性を基礎づける根拠として重要な意味をもつことはいうまでもないが、その立脚点をどこに置くかということによって、ヘブル的＝キリスト教的源泉に由来する立場とギリシア的源泉、とくにストア哲学にもとづく立場との二つの立場に分けることができる。すなわち、前者が人格の根拠を神と人間との応答性に置くのに対して、後者がそれを人間の普遍的理性に求めるかぎり、これら両者は本質的に異なった方向を指示するものといえよう。しかるに、その区別が明確に自覚されることなく混合され、後者の立場が次第に優位性を占めて今日に及んだのである。とりわけ、ルネッサンス以降の個人主義の風潮の下にあって、人格の真の理解はまったくゆがめられ、その本質的意味を喪失するに至ったのである。現代文化の疾患の原因もまたこの点に求められるであろう。ブーバーの人格思想の特質は、このギリシア思想の下にゆがめられた人格概念をヘブル的立場に取りもどすところにあったとみるべきであろう。ではこのことはいかなることをいうのであろうか。いまここにブーバーの人格思想を正当に位置づけるために従来の人格思想の展開について簡単に回顧しよう。

さて、日本語の人格に相当する英語、あるいはドイツ語の Person がラテン語の Persona に由来することは周知の事柄であろう。一般に、この「ペルソナ」という言葉は、古代ローマ劇で俳優が使用した仮面を指していったのであるが、後にその意味が転化して、その劇に出演する俳優、またはその役割を指す言葉として用いられたのである。その後、さらにそこから一転して、それはまた公的生活、とくに訴訟手続などにおいて異なった役割をつとめる裁判官・原告・被告などの法的性格を示す法律的用語として使用されたといわれる。ついで、ペルソナの概念はキリスト教神学に適用され、いわゆる三一神論における位格をあらわす神学的用語として重要な役割を果たしている。ところが、六世紀初めボエチウス (Boethius) がネストリウス (Nestorius) やエウテュケス (Eutyches) の異端に対する駁論のなかで、初めてペルソナを定義して、「ペルソナとは理性的本性をもつ個体的実体である」(2) (Persona est naturae rationabilis individua substantia) といっている。このボエチウスのペルソナに関する定義は、中世を経て今日に至るまで、人格概念の代表的定義となったといえよう。その後、ペルソナの問題はスコラ哲学によって継承され、トマスなどの学説の重要な部分を占めている。近世になって、自我の発見とともに、人格の問題は個人主義的人格思想へと展開するのであるが、まずロックやライプニッツなどの哲学者が新しく注目するところとなった。すなわち、ロックは人格を自己同一性を自覚せる理性的存在者と考え、ライプニッツは、さらにその上に、それを法的意味と道徳的意味との二つに区別し、前者は社会生活における権利義務の主体としての人格、また後者は「神の国」の成員としての人格を意味するとなしている。ところで、人格概念の歴史に新時代を画したのは、いうまでもなく、カントであった。カントにおいて、今日一般に使用されている人格概念、すなわち道徳的主体としての人格の意味がもっとも明らかに確立されたのである。カントによれば、人格とは自然の因果律から独立して、自律的に行為しうる自由な理性的存在を意味し、そのかぎりにおいてそれは単に手段としてではなく、目的それ自体として取り扱われるべき尊厳性をもつものであり、またさらにこのような理性的存在が成員として、また元首として属する世界が、いわゆる「目的の国」と考えられたのである。カントの人格概念は、その後、リップスなどのよい後継者をえて、ひろく一般に影響を与え、今日通常理解されている人格概念とは、このような思想に負う場合が多いのである。さらに、カントの人格概念についで注目すべきは、カント倫理の批判から出発するユダヤ系の哲学者マックス・シェーラーの立場であろう。彼はカントの人格概念を形式主義的、抽象的であるとし、むしろ人格をもって実質的な価値の優劣を感得し、より高い価値の実現をはかる作用中心とみなし、しかもそれは相互に連帯的責任をとり、全体的共同体を形成すると考えている。しかし、彼の立場が人間存在を精神と衝動との二元的葛藤として捕え、衝動の純化によって精神の価値を実現しうると考えるかぎり、必ずしも従来の人格思想から遠く隔たるものではない。

以上ヨーロッパにおける人格思想の展開を通観して一般的にいえることは、人間の理性に人格の根拠を置くギリシア的＝ストア的思考形式がより優先的であるということであろう。このような理性主義的人格思想は、一面、人格の理解に対して、多くの功績を残したとはいえ、必ずしもその本質を具体的、全体的に把握するものとは考えられない。ここにその問題点のうち、もっとも重要な一、二の点について考察しよう。まず、第一に、理性主義的人格は普遍的な理性原理をもって、人間存在に真に人格としての絶対価値を与えるものと考えるかぎり、その担い手である個体的、具体的身体性はすべて無価値なものとして排除され、その結果確立される純粋な理性的自我をもって唯一絶対の人格とみなすのである。しかし、このように人間存在を二元的に対立する二つの原理に分けることは、人間存在をただ単に一つの客体として対象的に傍観することにほかならない。これに反して、現実に生きる具体的人間は、これら絶対に和解しえない二つの原理を一つとして生き、その矛盾対立を自ら担うべき全体的存在として把握されなければならない。この意味において、人格を理性的自我のなかに解消しようとする理性主義的人格思想は、現実的になんら具体性をもたない観念的、抽象的なるものというべきであろう（vgl. ibid., S.85）。

第二の点も、以上に関連して考察されるであろう。すなわち、人格の原理としての普遍的理性は、自己の内部で自覚される内在的原理であるかぎり、それを実現するためには必ずしも自己の外に出て他者と具体的関係をもつ必要はなく、むしろ自己自身とのかかわりにおいて、自らを内的に深化することによって可能となると考えられる。したがって、このような観点に立つとき、人間はすべて自己充足的・独語的存在となり、たとえ他者を問題とするとしても、所詮それは考えられた他者、いわば可能的他者であり、真に現実的に自己と対面する他者とはいいえないであろう。従来、しばしば人格の尊厳性についてカントの思想とブーバーのそれとが混同されるのであるが、以上の点からみて、これら両者は明確に区別されなければならない。すなわち、カントにおいて、それは人間の尊厳性の理念から導入された当為であったのに対して、ブーバーの場合、それは「われ―なんじ」の関係性にもとづく現実的具体的命題を意味したのである。(3) ところで、以上のように、理性主義的人格思想は、人格をただ単に自己自身との関係、いいかえれば、自我における理性と感性との問題として取り扱う個人主義的アトム化の傾向を帰結し、他者との現実的、具体的関係を欠く観念的、抽象的孤立主義に陥らざるをえなかったのである。その結果、それは人間を他者から隔絶された深い孤独に追いやったばかりでなく、現実の歴史社会から遊離した観念的思想として今日の文化に対する妥当性を喪失するに至ったのである。

しかし、ブーバーにとって、真の人格とは、決して抽象的な理性的自我のなかに解消されるものではなく、「われ」と「なんじ」が現実に具体的関係を結ぶことを指していうのである。「…われはなんじと接してわれとなる。われとなることによって、われはなんじに語りかける。すべて真実の生とは出会いである」(Ibid. S. 15; vgl., S. 29)。「…人間は自我に対する関係を通してではなく、むしろ他我に対する関係を通して全体的となることができる」(Problem, S. 102)。ブーバーのこのような対話的、応答的人格概念が、いわゆる根源語にその根拠をもつと考えられるかぎり、ヘブル的思惟の率直な表現であることはすでに述べた通りである。しかし、以上のような人格の世界は、ブーバーにとって、単にヘブル的思惟の内部に限定されるべきものではなく、むしろすべての人間存在に妥当する根源的な実在の原理を意味したのである。とりわけ、このことはブーバーが彼の人格概念をもって、今日の問題点である個人主義的人間観と集団主義的人間観との両者を越える新しい人間観を示すものと考えていることによっても明らかであろう。ではそれはいかなることをいうのであろうか。

一般に、今日、ルネッサンス以来の個人主義的人間観はすでに集団主義的人間観によって克服されたといわれる。すなわち、人間は現代の集団的組織のなかに自己を完全に埋没することによって、孤立化の運命をのがれ、生存の保証への道が十分に開かれると考える。そこには空想的なるものは何もなく、確固たる現実性が支配しているように思われている。確かに、ここでは人格と全体との結合が実現されたかのような印象を与えるであろう。しかし、それは人間と人間との結合ではない。なぜなら、集合概念としての人間は、相互に共存している人間ではないからである。そこでは人間の孤立化が克服されているというよりも、むしろ欺かれているにすぎない。もし個人主義がただ「人間の部分」のみを捕えたとすれば、集団主義は「部分としての人間」を捕えているにほかならない。前者は人間を自己自身とのかかわりにおいてみるのみであるが、後者は社会のみをみて人間をみないのである。また、前者において人間はその観念性、抽象性によって傷つけられているが、後者において人間はその個体的決断と責任とを断念することによって自らを放棄しているのである。これら両者とも「人間の全体性」、あるいは「全体としての人間」に到達することはできない。人間存在の事実は単なる個人にも、また単なる社会にも存するのではない。個人が、他者と生きた関係にはいり、また社会は生きた関係をもつ個人から成り立つことによって、言いかえれば、人間と共なる人間の関係において、人間の全体性が実現されるのである。それは個人主義と集団主義とのいずれにも還元されない、またこれら両者の単なる折衷でもない第三の新しい立場を指示するものであろう。ブーバーはこのような第三の領域をまた「間の領域」、「人間的現実の原範疇」と呼んでいる。この領域において人間は初めて自己の本来的な人格性を取りもどし、真正の共同体をうち立てることができる。ブーバーがこのような人間的現実のなかに、人間の学問が一方新しい人格概念の了解と、他方また新しい社会概念の了解へと前進しうる出発点が与えられると考えていることはとくに注目すべき事柄ではなかろうか。(4)

四　「われ―なんじ」

以上ブーバーの主著『われとなんじ』を理解する手がかりとして彼の「根源語」、および「人格」の意味を明らかにした。では、その具体的内容をなす「われ」と「なんじ」との出会いとはいかなることをいうのであろうか。以下その主な特質について簡単に考察しよう。

まず第一に、それは「われ」と「なんじ」との全存在的関係として規定されるであろう。ちょうど旋律が音から、詩が言葉から、また彫刻が線から成り立っていないように、「なんじ」は経験され記述される諸性質に分解されない全体的存在である。したがって、このような全体的存在に対しては、「われ」は自己の全存在をもって関係を結ぶ以外にいかなる関係の仕方もありえないであろう。すなわち、「われ」は自己の全存在をもって「なんじ」の中心に生き、また「なんじ」はその全存在をもって「われ」の中心に生きるのである。しかし、この場合、「なんじ」はただ捜し求めるのみで見いだされるものではない。「なんじ」が「われ」と出会うのは人間の思量を越えた恩恵の賜物といわなければならない。だからといって、このことはただ無為に恩恵を待つことを意味するのではない。ちょうど全存在を集中して何事かに専心する場合、「すること」

がかえって「されること」に転じられるように、自己の全存在をもって「なんじ」を「えらぶ」とき、かえって「なんじ」から「えらばれる」こととなるのである。ここでは能動と受動が一つである。たとえ、相手が「われ」の「なんじ」という呼びかけに気づかないとしても、「われ―なんじ」の出会いは成立するであろう。このような、「われ」と「なんじ」の出会いを理解するためには、われわれは人間の反省的思惟にもとづく因果の世界から別れを告げなければならない。ここに恩恵の日常化というブーバー固有の思想を見いだしうるのではなかろうか。

第二に、「われ―なんじ」の関係は直接的関係である。以上のように、「われ」と「なんじ」の出会いが全存在的関係であるかぎり、それはまたこれら両者の直接的関係であるといわなければならない。なぜなら、「われ」と「なんじ」の間にはいかなる媒介も不必要なばかりでなく、かえってこのような媒介は真の関係を破壊する障害となるからである。したがって、これら両者の間にはいかなる観念も予知も想像も、また、記憶さえもはいり込む余地がないのである。もし「なんじ」が「われ」の思惟や意欲や感情の対象となる時、「なんじ」はすでに「われ」に向かい合う全体的存在としての「なんじ」ではなく、「考えられたなんじ」「意欲されたなんじ」「想像されたなんじ」、つまり「われ」によって対象化された「それ」へと転化されるであろう。しかし、ここにいう直接性とはいわゆる直観といわれるようなものと同一義に解せられるべきではない。一般に、直観とは主観による対象の無媒介な直接的把握を意味するのであるが、この場合、主観が対象をそのなかに包摂すると考えるにしても、あるいは、また、主観がその直接的経験の過程のなかに自己を置くと考えるにしても、一方的に直観された対象は、すでに「われ」に向かい合う「なんじ」ではないがゆえに、これら両者の間にはいかなる出会いの関係も成立しえないからである。

第三に、「われ―なんじ」の関係は「現在」として把握される。ここに「現在」とはいわゆる過去・現在・未来というような対象化された時間の一点を指していうのではない。それは現存・出会い・関係があるかぎりにおいてのみ存在する、真に充実した現在である。言いかえれば、それは「われ」が「なんじ」から受け入れられ、生かされることによって、真に生きることの意味が与えられ、変転きわまりのない不安定な生の瞬間が、もっとも充実した瞬間として絶対化、永遠化されることをいうのである。ここに「永遠の今」としての現在の意味が成立するであろう。これに対して、「なんじ」と共存しない「われ」にはこのような生の充実はなく、ただ過ぎ去ってゆく過去があるのみである。しかしながら、このブーバーの「現在」の思想をもって刹那主義と混同してはならない。刹那主義は他者との関係を喪失しているのみでなく、そこには生の退廃があるとしても、その充実は期待しえないからである。以上のような、人間存在のあり方としての時間概念の把握は、決してブーバーに始まるものではない。周知のように、このような時間の問題はアウグスチヌスを初めとし、キールケゴールやベルグソンなどによって、またブーバー以後にもグリーゼバッハやハイデッガーなどによって取り上げられてきたのであるが、はたして真の「現在」が「われ」と「なんじ」との出会いに生きる時間であること、つまり時間の他者性の意味がブーバーほど明確に理解されていたかどうかという点になると必ずしも問題がないわけではない。この点はブーバーの時間論が従来のそれに与えた功績の一つというべきであろう。

第四に、「われ―なんじ」との関係は相互関係である。「われ」が「なんじ」に語りかけるように、「なんじ」は「われ」に語りかける。「われ」は自分の生徒に教えられ、また自分の作品によってつくられる。悪人でさえも聖なる根源語がふれるとき心の窓を開くのである。このように、「われ」と「なんじ」との相互関係とは、これら両者の無差別な結合、あるいは一方が他方に吸収されるというような一方交通をいうのではない。真の相互関係が成立するためには、その関係を構成する両者の絶対的な独立性が前提されなければならない。すなわち、相互に自由な主体的存在であることを自覚し、他者に対していわゆる「原距離」[5] (Urdistanz) を置くことが必要である。この世の「なんじ」は、たとえいかに小さい存在であっても、神によってつくられたものとして、そのなかに「天界を満たす」ほどの絶対的意味をもつものといわなければならない。このように、「われ」と「なんじ」の距離をおく相互肯定から、初めて真に関係し合うことが可能となるのである。

第五に、「われ―なんじ」の関係は排他的、独占的であるといえよう。なぜなら、「われ」に向き合う「なんじ」は他の何ものとも代置しえない絶対存在であるがゆえに、「われ」と「なんじ」との間には何ものもはいり込む余地のない排他的、独占的関係が生ずるからである。しかし、このことは「なんじ」以外に他の何ものも存在しないということ、あるいはそれらがすべて拒否されるということをいうのではない。むしろ、それは「なんじ」のうちに「なんじ」を通して世界をながめることであり、このことによってすべてのものが「なんじ」へと転じられ、この世がその真の土台からつくり直されることを意味しているのである。

要するに、上述のような「われ―なんじ」の関係は、一言にしていえば、愛の関係として理解されるであろう。しかし、ここにいわゆる愛とは博愛とか同情というような意味における愛ではない。これらは人間の主観的感情にもとづくものであり、人間のなかに宿るものであるが、これに対して、愛は人間のうちにはなく、「われ」と「なんじ」との間にあるのである。したがって、もし人間が愛のなかに生き、その立場からものをみるならば、すべてを「なんじ」として解放し、それに自己の全存在を捧げることができる。かくして、愛は「なんじ」に対する「われ」の責任となるのである。しかし、愛のみが人間と人間とを結びつける唯一の関係ではない。それは関係の仕方の一つにすぎない。というのは、人間と人間との間には憎悪もまた存在するからである。「愛は無分別である」といわれるように、愛が相手の全体をみないかぎり、真の愛とはいえない。かえって、それは憎悪へと転じられるであろう。しかし、真に他者を憎むものは、他者に対して無関心であるよりも、真の関係にはるかに近いものといわなければならない。存在の全体をみ、しかもそれを拒否せざるをえないものは、もはや憎悪の世界にではなく、「なんじ」を語りうる人格的枠のなかにいるからである。人間が自己に向かい合う相手に根源語を語ることができず、相手か自分のいずれかを拒否しなければならないということは、「関係を結ぶこと」がもつ限界性であるが、同時にまた、この限界性から「われ—なんじ」の関係がひらけてくるのである。

ところで、上述のような「われ—なんじ」の関係はただ単に人間存在の相互関係にのみ限定されているのではない。このような関係の成立する世界として、ブーバーは次の三つの領域をあげている。第一は自然との生活、第二は人間との生活、第三は精神的実在との生活である。これら三つの異なった領域において、「われ」と「なんじ」が関係を結ぶということでは異なるものではないが、その領域の相違によって関係の仕方が異なるのである。まず、第一の場合、人間が自然に対して「なんじ」と呼びかけても、その応答は言葉となって現われないが、「われ―なんじ」の関係は成立すると考えられている。しからば、このことはいかなることを意味するのであろうか。ブーバーは一本の木に例をとって、人間と自然との関係を次のように説明している。人間は一本の木を客体化、対象化して、それを記述、分析、分類し、それについての知識と経験をえることができる。しかし、これらのことはすべて「自己のうち」で行なわれ、いわば、木を「それ」に転ずることであって、「われ」と木との間には真の応答的関係は成り立ちえないであろう。これに対して、たとえ一本の木であっても、分析できない具体的な全体存在として対面し、それを受け入れ、そのものとしてその生命を生かそうとするとき、「われ―なんじ」の関係が結ばれるのである。いかなる自然物も全体として捕えられ、関係が結ばれるならば、一つとして無駄なものなく、また一つとして拒否されるべきものもない。自然は沈黙のうちに「われ」と応答するのである。(6) ブーバーはこの「われ」と自然との対話の領域を入口に至るための前門(Vorschwelle)の領域と呼んでいる(Ibid., Nachwort.)。

以上のようなブーバーの思想はしばしば原始的アニミズムとして批判されるのである。しかし、ブーバーの真意は、自然物が霊とか精とかをもっているということではなく、むしろ分析できないものを分析すべきでないという彼の根本的立場の主張にあったとみるべきであろう。他面、また、われわれはこのようなブーバーの主張のなかに自然との融和を理想とする東洋思想との親近性を見いだすことができる。しかし、ブーバーの思想が東洋思想と根本的に異なることは、彼にとって自然との融和は「われ」と「自然」との対話であって、決して「われ」が「自然」のなかに帰入することではないということである。

次に、第二の人間との生活において、「われ―なんじ」の関係は開かれたものとなり、言葉の形態をとってあらわれる。上述のように、「われ―なんじ」の関係がもっとも顕著に実現されるのはこの領域においてである。ブーバーはこの領域を主要玄関（Hauptportal）と呼び、他の二つの領域は両側の門口をなし、この包括的な入口に通じるといっている。また、この人間と人間との関係は神と人間との関係にたとえることができる。そこでは真の呼びかけに真の答えが与えられる。しかし、ただ神の答えにおいては万物が言葉として示されるのである。

最後に、第三の精神的実在との生活とは、いわゆる本質・理念・価値などに対する人間の関係を指示するものといえよう。ブーバーはこの領域を戸口の上をおおう梁のような、いわば超門（Überschwelle）の領域と呼んでいる。ここでは言葉は用いられない。また、「なんじ」と呼びかけられる具体的存在も認められない。しかし、人間は何ものかによって語りかけられているように感じ、その思惟・制作・行為を通してそれに答えようとするのである。ここに認識・芸術・道徳などの世界が成り立つであろう。人間は口をもって「なんじ」と語りかけることはできないとしても、その全存在をもって根源語を語るのである。ところで、ブーバーはこれら三つの領域に「永遠のなんじ」である神の裾《すそ》をみ、またその息吹きを感じとると述べている。すなわち、これら三つの領域はいずれも「永遠のなんじ」をあらわす象徴であり、人間はそれを通して神から呼びかけられ、また答えるのである。しかし、この点についての詳論はあとに譲ろう。

さて、以上は「われ―なんじ」の関係についてのブーバーの思想の大要である。しかし、このようなブーバーの思想に対して、なるほど「われ―なんじ」の思想は美しい一つの詩であるとしても、すべてを対象化・物件化・手段化することなしに生活しえない現実の人間にとっては、あまりにも抽象的で、現実離れした思想ではなかろうかという批判がしばしば聞かれるのである。この点について、ブーバーは「それ」の世界をまったく無視しているのではない。それどころではなく、彼はこの世において「それ」なくして生きることの不可能であること、またこの世の「なんじ」は、すべて「それ」に転じられやすきことを十二分に認めている。これは人間に課せられた高貴な、しかし悲しい運命といえよう。しかしながら、「それ」によって生くるものは真の人間ではない。「それ」の世界は「なんじ」の世界へと転じられなければならない。このようにして、「なんじ」は「それ」へ、また「それ」は「なんじ」へと転じられる。言いかえるならば、この世におけるすべての存在は「それ」になる以前と以後において「なんじ」であるといえよう。「それは永遠の蛹《さなぎ》であり、なんじは永遠の蝶である」(Ibid., S. 20)。では、「われ―なんじ」に対する「われ―それ」の世界とはいかなる世界をいうのであろうか。

五　「われ―それ」

さて、「われ―それ」は「われ―なんじ」と異なった、根源語の他の形態である。ブーバーは「われ―それ」における「われ」を経験し利用する主観として規定する。では、経験とは何であろうか。端的にいって、それは人間の知的反省による世界の対象化、客体化を意味する。このことによって、人間は事物の表面をさぐり、それにもとづいて事物の性質に関する知識をうるのである。人間の経験には、「目に見える」ものについての外的経験のほかに、「目に見えない」ものについての内的経験を付加することができる。がしかし、世界はこのような経験的認識によってのみ明らかにされるのではない。経験によって明らかにされるものは対象化、客体化された世界、すなわち、「それ」と「彼」と「彼女」によって示される「それ」の世界にすぎない。また、さらに、経験による認識は「自己のうち」で行なわれ、人間と世界との間で行なわれるものではない。それゆえに、経験において、人間は自己を世界からひき離し、孤立することとなるのである。このようにして、人間は世界との本来的関係を喪失するのみでなく、かえって自己を絶対化し、世界を自己に隷属するものとして利用するようになる。ここでは「われ」に向かい合う「なんじ」は、すべて時・空のなかに固定され、記述・分析・分類の対象へと転じられる。「経験とはなんじから遠ざかること (Du ferne) である」(Ibid., S. 14)。

ところで、上述の経験し利用する主観としての「われ」は、一般にしばしば考えられるように、自己保存の本能のようなものと混同すべきではない。自己保存を願うのは「われ」ではなく身体である。身体と「われ」とは決して同一視されるべきものではない。身体は神からつくられたものとしてそれ自体決して悪ではない。それが悪となるのは、身体の欲求を神から離れて自己のために絶対化しようとする「われ」によるのである。この「われ」は、すでに述べたように、「われ―なんじ」の根源的関係が分裂し、そのうちの「われ」の意識が絶対化されたものである。ここに「われ―それ」という第二の根源語がつくり出され、いわゆる「自我」の成立をみたのである。このような「われ」は自己自身において、また自己自身のために存在するがゆえに、自己以外の何ものも信ずることができず、何ものとも交わることができない。彼が知っているものは、外部の熱病的世界とそれを利用しようとする自己の熱烈な我意的欲望と不信のみである。そこには犠牲もなければ、恩恵もない。出会いもなければ、現存もない。あるのはただ目的化され、手段化された世界のみである。しかも、彼はそれを唯一の生の保証と考えるのであるが、実際には非現実的な世界におちこんでいるのである。このように、問題となるのは身体ではなく、むしろその欲求を絶対化し、その実現のために他者を手段として利用する「われ」の意識であるといわなければならない。

ところで、「われ—それ」の世界は次のような二つの領域に分けて考察されるであろう。その一つは制度であり、他は感情である。前者は「われ—それ」のうち「それ」の領域に、また後者は「われ」の領域に属するところのものである。さて、制度は外にあるものであって、ここで人間は日常生活に必要ないろいろな目的を追求する。この領域では秩序と調和のとれた組織をもち、さまざまな事柄の過程は人間の頭脳と各自の参加によって行なわれてゆくのである。とくに、今日の近代生活において、人間の生活を律するもっとも完全な組織は、経済と国家である。それらを支配する「われ」——経済においては財産と労働を利用する「われ」であり、政治においては世論や傾向を利用する「われ」であるが——このような「われ」の無制限な支配の結果、これら二つの領域における巨大な客体的組織の、大規模で堅固な機構が生まれたとしても決して怪しむに足りない。このような組織においては、人間はもはや「なんじ」としてではなく、その事業や活動を遂行するための単なる手段として利用されるにすぎない。もちろん、この巨大な組織的機構は、一面、人間生活の進歩をもたらし、生産を豊かにしたことは否定しえないとしても、その半面「われ―なんじ」の生きた関係を破壊し、人間は単なる「それ」に化せられ、徹底的な非人間化への方向を推進する結果となったのである。

これに対して、感情は内にあるものである。人間はここで生命を取りもどし、制度の疲れをいやすのである。人間は好きとか、嫌いとか、楽しいとか、時には苦しみの感情さえたのしむのである。ここはわが家に帰り、安楽椅子に身をのばすように気楽であると考える。また、制度が公共生活を生み出さないということで悩む人々は、感情によって制度をゆるめ「感情の自由」を導入して、豊かな感情にもとづく愛の共同社会の建設を試みる。しかし、真の共同社会は相互に感情をもつからといって実現されるものではない。それを実現するためには、すべての人が生きた中心と生きた関係を結び、また彼ら同志で生きた相互関係をもつことが必要である。もちろん、生きた相互関係が感情を含むことは確かであるが、だからといって、感情から相互関係が生ずるのではない。なぜなら、感情が人間の内にあるものであるかぎり、それは人間の気まぐれな気分やよしあしによって支配される不安定なものであり、決して相手の全体をみることができないからである。感情の発露がいかに自由であっても、それのみでは制度に新しい生命を吹きこむことはできない。このように、感情も制度と同様に真の現実的生活に通ずる道をもたない。「制度は公共的生活を生み出さず、感情は人格的生活を生み出さない」(Ibid., S. 42)。

また、以上のほかに、「それ」の世界で無限の支配力をもつものは因果律である。因果律が自然に科学的秩序を与える上で重要性をもつことはいうまでもない。しかし、その半面、このような思考形式は「業《ごう》」や「星」の力に代わって、人間を支配する苛酷な信念をつくり出したのである。それは人間の自由を許さないのみでなく、そこから抜け出す自由の可能性をも認めない。今日の人間はいわゆる「生命法則」、「心理法則」、「社会法則」、また「文化法則」などの際限のない因果の固定観念によって支配され、ますます必然性の奴隷となりつつあるのである。このようにして、「われ」は自己の相手を「それ」に化するのみでなく、自らもまた必然の網の目から抜け出しえない「それ」へと固定するのである。

さらに、また、ブーバーは以上のような根源語「われ―それ」の「われ」を、根源語「われ―なんじ」の「われ」が人格と呼ばれたのに対して、個我と呼んでいる。「根源語〈われ―それ〉の〈われ〉は個我としてあらわれ、(経験と利用)の主観として自己を意識する」(Ibid., S. 57)。人格が他の人格と関係にはいることによって姿をあらわすのに対して、個我は他の個我と区別することによって姿をあらわすのである。前者が自然的結合を示す精神的形式であるとするならば、後者は自然的分離を示す精神的形式であるといえよう。つまり、個我の固有な働きは自己を他者に対して区別し、経験と利用によってできるかぎり他者を所有しようとすることである。しかし、このように、個我が自己の存在ではなく、その特殊性、たとえば、わが仕方、わが民族、わが作品、わが天分など自己の所有を問題にすればするほど、ますます虚偽の自己をつくり出し、真の実在からいよいよ遠く離れてゆくといわなければならない。これに対して、人格が求めるものは、人間の特殊性にもとづく差別ではなく、かえって職業・地位・才能・人種などあらゆる差別を越え、すべての人間を「なんじ」として受けいれ、真の交わりの世界に参与することである。しかし、人格は個我のもつ特殊性を決して無視するものではない。むしろその伸長が人間性を豊かにし、文化を高めるという利点さえ認めるであろう。だが、それが人間存在そのものの差別の根拠となることを拒否するのである。このように、根源語「われ―なんじ」の「われ」が根源語「われ―それ」の「われ」より強力であればあるほど、それだけその人は人格的となるといえよう。

ブーバーによれば現代の疾患は上述のような「それ」の世界が、個人生活においても社会生活においても、絶対の優位性をもって広がりつつあるということである。このような事態にあって、人間は何をなすべきであろうか。けだし、もし人間が「それ」なくして生きえないとするならば、いかなる道が残されているのであろうか。この問題は恐らくブーバーの生涯を支配した根本的課題であったといえよう。ブーバーはただ単に「われ―なんじ」と「われ―それ」の人間の生き方の客観的分析をその仕事としたのではない。さらに、また、これら二種類の人間が存在するというのでもない。これらは同一人間の両極である。現実存在としての人間は、この両極の緊張を一身にになないながら、それを統一的に生き抜くところに、その真の存在理由があると考えられるのである。では、それはいかにして可能であろうか。この問題に対して解答を与えるものが、ブーバーが「ハシディズム」から学んだ転向（Umkehr）の思想であろう。ブーバーによれば、「転向とは中心の再認識、自己を再び方向づけること（das Sich-wieder-hinwenden）である。このような存在的行為において、人間の閉ざされた関係の力がよみがえり、関係の全領域が生命の奔流となって水かさを増し、われわれの世界を新たにする」（Ibid., S. 89）。ブーバーにとって、「それ」の世界はたとえ上述のような多くの問題を含むとしても、それ自体は決して悪ではない。それが悪となるのは「われ―なんじ」の関係における「われ」がその進むべき方向を見失って、自己に凝結し、「なんじ」との関係を拒否するところに生ずるのである。しかし、それによって「なんじ」の世界が永遠に閉ざされたわけではない。もし「それ」に正しい方向が与えられるならば、それは「なんじ」へと転じられる。このことは「われ―それ」の「われ」が自己の本来性を再認識し、「われ—なんじ」の「われ」に復帰することによって初めて可能となるのである。

ところで、ブーバーはこのような転向を可能にする関係能力（Beziehungskraft）を精神（Geist）として把握するのである。しかし、ここにブーバーのいわゆる精神とは、従来しばしば考えられてきたような意味でいわれているのではない。一般に、ギリシア的思惟に源泉をもつ西欧哲学の伝統において、精神は感性的なるものに対する理性的なるものを意味し、前者が人間以外の他の生物との共通性をもつのに対して、後者は人間性の本質を形成し、さらに超個人的な宇宙の実体（神）と連続すると考えられるのが常であった。しかるに、人間存在をこのように二元化し、その上、その本質としての精神を宇宙の実体（神）と同一視することは、ヘブル的思惟の伝統に立つブーバーにとってとうてい許されることではない。ブーバーにとって、精神とは以上のような感性に対する理性の働きというようなものをいうのではなく、むしろ人間がその全存在をもって「なんじ」に応答する能力であり、いわば人間における神の霊の働きともいうべきものである。「人間のうちに示される精神とはなんじに対する人間の応答である。精神はわれのうちにあるのではなく、われとなんじとの間にある。…人間はなんじに応答しうるとき、精神のなかに生きるのである。人間がそれをなしうるのは、その全存在をもって関係に入るときである。人間はその関係能力に応じてのみ精神に生きることができる」(Ibid., SS. 38f.)。したがって、もし精神が人間につけ加えられ、彼のうちに応答をひき起こすならば、対象化された「それ」はわれに向かい合う存在となり、それが出てきた以前の「なんじ」の状態へと復帰するのである。しかし、このことは精神が「それ」の世界を全面的に否定するということを意味するのではない。精神は決してそれ自体独立して何もなしうるものではなく、むしろ「それ」の世界に浸透し、それを変える力として、この世に働きかけるからである。すなわち、「それ」の世界からの逃避ではなく、そのなかにありながらそれに束縛されることなく、かえって「なんじ」としての関係を結ぶのである。タルムードに「悪しき衝動をもちながら神に仕えるものこそ真に決断したものである」といわれている理由もここに存するであろう。この関係の世界では「われ」と「なんじ」とは自由に向かい合う存在として、因果律に支配されず、他の何ものにも侵されることなく、自己の存在の内奥から決断しうるのである。しかし、以上のことをもって、人間は一方必然の法則に従いながら、他方内面的な心の自由をもちうるという観念論的意味に解釈すべきではない。このような自由は真の自由とはいいえない。むしろ必然を愛することによって、かえってそれが必然でなくなり、自由へと転じられるのである。このことは、また、人間の運命についても同様であろう。きびしい運命のまなざしも自由に対して決して重圧とはならない。それは自由と結び合って人生に深い意義を与えるものとなるのである。

以上のように、ブーバーは「それ」の世界の実在性を認めながらも、精神の働きを通して、それが「なんじ」へと転じられる無限の可能性を信じてやまなかったのである。では、このような精神の働きはいかにして可能となるのであろうか。この点に関して、次にわれわれは「永遠のなんじ」としての神との出会いの問題について考察しなければならない。

六 「われ—永遠のなんじ」

「われ—なんじ」の関係は、「永遠のなんじ」との出会いによって完成される。というのは、「われ—なんじ」の関係は「われ」が絶対に「それ」とならない「なんじ」と直接結びつかないかぎり、完全に実現されえないからである。では、この絶対に「それ」とならない「なんじ」、言いかえれば「永遠のなんじ」とは何を指していうのであろうか。いうまでもなく、それはブーバーが神に与えた名称であるが、その理由はいかなる点にあるのであろうか。

実際、神という言葉ほど、あらゆる言葉のうちでもっとも多義的で、またもっとも誤解を招きやすいものはない。古来より人間は教えや詩歌によって神について多くのことを語ろうと苦心し、また事実、あまりにも多く語ってきたばかりでなく、その上、多様な名称を与えてきたのである。たとえば、自然物を神とみなす素朴なアニミズム信仰から、神を「一者」、「絶対者」、「超越者」、「永遠者」、「無限者」などと規定する哲学的信仰に至るまで、神の名称は数えきれないほど無数に存するであろう。しかし、これらはどれ一つとして真の神を伝えるものではない。なぜなら、神はいかなるものによっても限定されるものではなく、限定されたものはすでに「それ」へと転じられ、もはや神ではなくなっているからである。このように、人間が神を客観的に表現しうる道はないのである。まして、神はこの世界のいかなるものからも推論しえないばかりでなく、それを比喩として語ることさえ許されないであろう。この意味において、神は人間にとって、もっとも近づきがたい「絶対他者」、あるいは「無気味な神秘」であるといわなければならない。しかし、それにもかかわらず、ブーバーにとって「神はまた自明の秘密であり、自分のわれよりもはるかに自分に近いのである」(Ibid., S. 72)。なぜなら、神は直接身近に、そしてもっとも永続的に、人間と向き合う存在であるからである。このような神に対して、人間は全存在的な直接の応答関係以外にはいかなる関係ももちえないであろう。「神は、正しくは、ただ語りかけうるのみであって、表現することは不可能である」(Ibid., S. 73)。すなわち、神が人間に語りかけるがゆえに、人間もまた神に向かって語りかけることができる。このような神と人間との対話的応答関係の根底にあるものは、世界創造における神の愛であることはすでに言及した通りである。人間が神を必要とする以上、神もまた人間を必要としていることを知らなければならない。この世の被造物のなかに何一つとして無駄なものは存在しない。神はいかに小さきものに対しても、たえず「なんじ」と語りかけるのである。また、人間は自己の値なき存在にもかかわらず、神に生かされる喜びを感じ、神に向かって「なんじ」と答えるのである。しかも、このような神が絶対に「それ」とならない、言いかえれば、永遠に「なんじ」たることをやめない神であるかぎり、ブーバーのいわゆる「永遠のなんじ」とは神の真実をもっともよくいい表わす言葉といわなければならない。さらにブーバーはこのような対話的応答関係の主体が「人格」であるがゆえに、神をまた「絶対的人格」とも呼ぶのである。絶対的人格としての神は人間を人格として創造し、神との出会いや人間相互の出会いを可能としたのである。

それでは、以上のような「永遠のなんじ」と「われ」との対話的応答関係、あるいは出会いとはいかなることをいうのであろうか。まず、最初に、注意すべきことは、それは決して「われ」のうちにおける主観的な心の目ざめとか、あるいは感情的な幸福感というようなものではなく、絶対に対象化されない「永遠のなんじ」と「われ」との間に起こる出来事であるということである。人間はこの出会いの瞬間を通して、まったく新しい出来事が生まれることを知るのである。

この際，人間が受けとるものは特殊の内容ではなく，まさに「現在」，すなわち，「力としての現在」(Ibid., S. 96) である。つまり，神の呼びかけからくる生の全体的充実感，またそれを通してこの世のすべてを意味あるものとして受けいれ，それをこの世に実現する力が与えられるのである。このことは人間が「なんじ」としての神との対決を通して，すべてを「それ」にかえ自己のなかに包み込もうとする「われ」が，その存在の根底からうち砕かれ，すべての他者に対して「なんじ」と呼びかける，本来的関係能力を回復しうるということを意味するであろう。「永遠のなんじ」である神と人間との出会いは，このような「力の現在」として働くのである。人間は神が何であるか知る術をもたない。しかし，この現在に働く力を通して神の声を聞くのである。真の宗教とはただこのような「現在」を知るのみである。

もし以上の通りであるとするならば，神は「われ」の置かれた現実的状況のなかに自らを現わすものといわなければならない。したがって，この現実的状況のなかで，「われ」が自己以外の他者と関係を結ぶことは同時に神と関係を結ぶことであり，またその逆に神と関係を結ぶことは同時に自己以外の他者と関係を結ぶこととなるのである。「すべての個々のなんじは永遠のなんじをかいま見る窓にすぎない。それぞれの個々のなんじを通して，根源語は永遠のなんじに語りかける」(Ibid., S. 69)。このように，「われ」と神との出会いにおいて，すべての個々の存在は

「われ」にとって神を現わす象徴の意味をもつようになるのである。もっとも、ここでいう象徴とは、一般に事物の普遍性を示す単なる記号のようなものを指していうのではない。それは神との出会いを通して、「われ」に呼びかけるものである。しかし、それはだれにでも呼びかけるのではない。それを「なんじ」として受けとるものにのみ呼びかけるのである。したがって、それはまた受けとるものの相違によって異なって呼びかけるであろう。このように、すべての個々の「なんじ」との関係は、神との実現された関係をかいまみせる屯所である。神から人間を分離する世界や、世界の生活は決して存在しえないであろう。真に世界に出てゆくものは、神に向かって出てゆくのである。それゆえに、人間が神と出会うために、この感覚的世界を仮象の世界として放棄することも、また感覚的経験の超越を目指すことも、またイデアや価値の世界を志向することもすべて不必要といわなければならない。しかしながら、以上のようなブーバーの思想をもって、直ちに神と世界とを同一視する汎神論とみるべきではない。ブーバーにとって、「神は一切を包む、しかし、神は一切ではない。そのようにまた神はわが自我を包む、しかし神はわが自我ではない」(Ibid., SS. 84f.)。ブーバーがここに指示しようとすることは、この世を「神の住居」(Shekhinah) とみる「カバラ」の思想であって、この世における神と人間との出会いにこそ、真の生きた現実があると考えたのである。

ところで、ブーバーは以上のような観点に立って、神と人間との出会いの関係性を解消しようとするすべての試みに対して対立的立場を示している。たとえば、「永遠のなんじ—われ」の関係を「われ」のうちの絶対依存の感情とみる場合も、またそれと反対に「われ」のいわゆる大我への帰入とみる場合も、いずれもその関係のにない手の一方を抹殺し、真の宗教的現実を無にするものとして拒否するのである。とくに、ブーバーは後者の場合のような神秘主義的思考に対しては、きびしい批判的態度をとっている。ブーバーによれば、「われ」が大我に帰入する場合、二つの方向があると考えられる。㈠は「われ」が我執から解放されて「大我」に帰一する場合であり、㈡は「われ」それ自体が「大我」となる場合である。前者は人間が神に吸収されることを、また後者は人間が神と同一であることを信じている。また、これら両者とも恍惚的な「脱我的状態」や、思惟主体の「自己観照」のような「われ」も「なんじ」も超越した一つの状態をつくり出すことを目指している。しかし、これらいずれの場合においても、その関係項の一方が他方に吸収され、真の応答的関係性は破壊されることとなるであろう。これに反して、真の神秘主義は「永遠のなんじ—われ」の生きた具体的関係性の上にのみうち立てられるべきであるといわなければならない。

では、以上のような「永遠のなんじ—われ」の真の生きた関係に立つ宗教的人間とはいかなる特質をもつのであろうか。第一に、宗教的人間は「なんじ」と「それ」の根本的に解決しえない二律背反を一身に生きているということである。しかし、このことはカントの自由と必然の概念のように、絶対に解決しえない二つの原理をそれぞれそれらの妥当する二つの領域に割り当て、これら両者の調和をはかることではない。「神の前に立つ」という現実において、このような抽象的合理化の道はまったく無意味であろう。宗教的人間はこの二律背反からのがれるどころか、かえってそのなかに生きつづけなければならない。しかし、彼は「それ」から「なんじ」への転向と、また「なんじ」から「それ」への逆転の両極が、無限の緊張として共存しつつも、それが人間の自由な決断にゆだねられていることを知っている。

第二に、宗教的人間は孤独を愛するものといえよう。しかし、ここに意味されている孤独とは、経験と利用の「それ」の世界から離れて、関係性を確立するための場としての孤独であって、決して他者との関係を絶って孤立するということであってはならない。このような虚偽の孤独は人間を、本来有限的な善を絶対化した国家・権力・知識・金銭などを神に代わって信じようとする偶像崇拝へと導くであろう。

第三に、宗教的人間はこの世に生きるものである。すでに述べたように、人間が神と正しい関係を結ぶことは、この世を超越することではなく、かえってこの世に入り込むことでなければならない。この世において、神からつかわされた使命の実現を忘れ、神への帰還のみを願うものは、いかに神に近くみえても、神を対象化し、神から離れるものである。これに対して、この世においてその使命を実現しようとするものは、たとえ神から遠ざかっているようにみえても、もっとも神に近いものといわなければならない。また、以上のことはこの世における宗教的人間の正しい行動に対する強い責任感を要求するであろう。

最後に、宗教的人間は生の全体的充実感に満たされ、自己存在の意味の実現のために、喜びをもってこの現実的生を生きるものである。ところが、以上のような神からうける啓示の力が単なる「それ」に化せられ、一つの形骸化された「内容」に成りさがる時、宗教の堕落が始まるのである。一面、これは過去のすべての既成宗教が歩まざるをえなかった歴史的宿命といえよう。しかし、このように「それ」化された形態も「なんじ」と「それ」との混合から成り立っている。それは信仰や祭儀のなかに対象として固定化されるが、しかし、そのなかにひそむ関係の心髄によって、再び生命的となるのである。人間が神からそれを遠ざけないかぎり、神はその近くにとどまるのである。真の祈りにおいて、信仰と祭儀とは清められ結合して、生ける関係を結ぶのである。まことに、祈りが宗教に生きているかぎり、その宗教は生きているというべきであろう。

ところで、以上のようなブーバーの見解に対して必ずしも疑義がないわけではない。そのもっとも根本的なものの一つは、ブーバーは神を「われ―なんじ」の関係を成立せしめる手段として利用しているのではなかろうかということである。神をこのように考えることは、ちょうど古代ギリシア悲劇において問題解決のために突如として現われる機械仕掛けの神(Deus ex machina)のように、あまりにも便宜的すぎるのではなかろうかという批判をしばしば聞くのである。しかし、このような神は、ブーバーの立場からみれば、すでに「それ」化された神であり、真の生ける神とはいいえないであろう。ブーバーにとって、神は単なる仮定でも、前提でも、また手段でもない。神は絶対に「それ」とならない「永遠のなんじ」として「われ」に向かい合うところのものである。たとえ、「われ」がこのような神の臨在を十分に自覚しえないとしても、この世の個々の存在をすべて「なんじ」にもたらそうとするものは、期せずして神と出会うであろう。これに反して、このような努力をおしむものは、たとえ神のなかに包まれながらも、神と出会うことは不可能であろう。「〈関係への〉転向を試みるとき神の言は地上に生まれ、〈自我の〉拡張にふけるとき神の言は宗教にとって蛹《さなぎ》となる。新たな転向が行なわれると神の言は生まれかわり、再び新しい翅をえて飛ぶのである」(Ibid., S. 101)。

Ⅳ　ユートピアの道
——宗教と社会——

一　社会的関心

ブーバーがその著『われとなんじ』において明らかにしようとしたことは、真の実在は、「われ—なんじ」の関係性であるということである。しかし、彼がこの書物において取り上げたことは、主として原理的問題であって、必ずしもそれを現実の具体的社会にいかに実現するかというような実践的問題ではなかったのである。ところで、ブーバーにとってこの実践的問題は、原理的問題以上に重要な関心事であったといえよう。なぜなら、「われ—なんじ」の関係は現実社会に生きることを離れては空虚な概念に堕するからである。すでに彼の生涯を通してみてきたように、彼の一生が実践的関心で貫かれていたのも決して理由のないことではない。では、「われ—

なんじ」の関係は今日の現実社会においていかなる意味をもつと考えられたのであろうか。

一般に、「社会的なるもの」に対するブーバーの関心は、はやくから彼の心に抱かれていたようである。ブーバーが少年時代から「ハシディーム」の宗教的交わりの生活のなかに、真の人間の共同体の理想像を見いだしていたことはすでに述べた通りである。また、彼が二〇歳のときライプチヒで勉学中、ユダヤ系の社会主義者ラサールの生涯に特別の興味をもち、彼についての講演を試みている。さらに、ブーバーは一九〇五年から一九一二年にかけて社会哲学に関する特殊研究の双書『利益社会』(Die Gesellschaft) を編集している。その第一巻のゾンバルトの『無産階級論』(Das Proletariat) に掲載された双書への序文は、彼の師ジンメルの影響が多くあらわれているが、ここに初めて「人間と人間との間」(das Zwischenmenschliche) という言葉を使用していることは注目すべきであろう。もっとも、当時この概念は社会学的＝心理学的意味に使用されていたのにすぎないが、それが単に人間の共通的全体性を指す「社会的なるもの」(das Soziale) に対して、その内部の人間相互の人格的関係を指す言葉として区別されるようになったのはずっと後のことであった (vgl. Schrift. S. 257f.)。

ブーバーの社会的関心は、とくに第一次大戦後つよく高められてきている。このことは主としてランダウァーとの交遊やテンニエスの画期的著作『共同社会と利益社会』(Gemeinschaft und

Gesellschaft）などの影響によるものであるが、とくに共同体の思想に対してはつよい信念を抱くようになったようである。『われとなんじ』(1)において、ブーバーは、この二つの社会形態を「われ－なんじ」の関係性の立場から論及し、共同社会が「われ－なんじ」の関係から築きあげられるのに対して、利益社会は「われ－なんじ」の関係を喪失した集団生活であることを明らかにしている。共同社会は他の社会と並列する一つの社会ではなく、それらを統一する普遍的関係であり、その基礎に宗教の力を必要とすると考えている。このように、真の共同体を通して神的なるものを実現するということはブーバーの最初からの変わらない根本的信念であったのである。一九二八年に発表した「宗教社会主義の三つの綱要」(2)（Drei Sätze eines religiösen Sozialismus, 1928）という小論のなかで次のように論じている。すなわち宗教社会主義の意味することは、宗教と社会とが本質的に相互依存的であること、その各々が自己の本質を実現、完成するためには、相手との契約を必要とするということである。社会主義のない宗教は身体を欠く精神であり、それゆえ真の精神ではなく、また宗教のない社会主義は精神を欠く身体であり、それゆえ真の身体ではない。宗教のない社会主義は神の語りかけに耳をかたむけないし、答えようともしない。たまに答えることがあるとしても、それは偶然にほかならない。社会主義のない宗教は神の語りかけに耳をかたむけても、それに答えない。しかるに、現存の宗教は真の生命を失って虚偽の世界にはいり込み、また現存の社会主義は虚偽の世界から抜け出ていない。真に宗教と社会主義とが出会うことのできる場所は、具体的な人間生活である。宗教社会主義は、人間が人間生活の具体性においてて、その生活の基本的事実、すなわち、神が存在すること、世界が存在すること、そしてこの人間が神の前に、また世界のなかに存在することを真剣に考えることを意味する。

この時代のブーバーはクッター、ブルームハルト、ラガーツなどによって始められたスイス宗教社会主義の運動や、またそこから出発したバルトやトゥルナイゼンなどの危機神学の運動に対して多くの点で共鳴を感じていたのである。とくに、ブーバーはラガーツに対して、彼から受けた思想的感化のほかに、彼のイスラエルに対する深い理解と温かい同情のために個人的にも終生感謝していたのである。ところで、危機神学に対して、ブーバーは「神の言」とその業が強調されるあまり、人間の業がややともすれば軽視されがちになる点において決定的対立を示している。人間の業もまた無視できない現実である。「神の言」は現実のなかに働くのである。真の生命は神と人間との協働に存するというべきであろう。信仰とは、この時この場所における神と人間との関係である。真の宗教は神と人間との出会いである。それは神のなかに人間性の解消をとく神秘主義でも、また人間性と非連続な神の絶対的超越性をとく神学でもなく、「われとなんじ」の生ける出会いの関係でなければならない。

その後のブーバーの関心は、さらに宗教と政治の問題へと向けられている。ブーバーがはやくから「シオニズム」運動を通して政治の世界に巻き込まれながらも、それに満足を見いだすことができず、宗教に根ざす精神的、文化的「シオニズム」運動を提唱してきたことはすでに述べた通りである。しかし、このことはブーバーが政治的世界を否定したという意味に理解すべきではない。政治的世界もまた人間がそこからのがれえない歴史的現実である。もし宗教がそこから逃避するならば、それは宗教の現実的責任の回避となり、またその逆にそのなかに埋没するならば、その本来の精神を喪失する結果となるのである。ここにブーバーが目指すところのものは、真の意味における宗教と政治との対話であったといえよう。政治そのものが悪であるというのではない。それが悪となるのは、すべて他者を自己に隷属せしめようとする権力意志がそのなかに内含されているからにほかならない。この意味においては、政治そのものも自己の救いを求めて、宗教からの呼びかけを待っているのである。以上のような観点に立って、ブーバーは宗教を政治に導入しようとしたガンジーの無抵抗主義の運動を批判している (Gandhi, die Politik und wir, 1930)。また、上述の政治の問題と関連して、注目すべきことは、ナチス政権の初期に行なわれたプロテスタントの神学者ゴーガルテンとの論争である。ゴーガルテンが人間の罪性の立場から、国家の倫理性はその国民に対する絶対的主権と正義とをもって、人間が陥った悪を防ぐところにあると主張して、ナチスの国家観を支持したのに対して、ブーバーは人間の罪性は決してこの世の秩序との関係においてではなく、ただ神との関係においていわるべきであることを主張し、ゴーガルテンのナチス国家観の神学的合理化を詰責している (Die Frage an den Einzelnen, 1936)。また、一九三八年のヘブル大学の就任講演では歴史的現実に対する精神からの挑戦の必要を説き (Die Forderung des Geistes und die geschichtliche Wirklichkeit, 1938)、さらに他の小論でムッソリーニやヒットラーの権力主義を非難している (Volk und Führer, 1942)。

以上を通して明らかなことは、ブーバーの心中にすべての権力関係を排除した、「われ―なんじ」の人格関係にもとづく新しい共同体の構想がしだいに目ざめつつあったということであろう。ブーバーはこのような理想社会の構想を『ユートピアの道』 (Pfade in Utopia, Heb. 1946; Deut. 1950) という一冊の書物にまとめて発表している。この書物の基礎となる哲学的根拠は、すでに一九四三年ヘブル語で発表した『人間の問題』に示されているが、ブーバーはここに初めて、社会哲学の教授として、社会に対する彼の根本的見解を明らかにしたのである。ブーバーがこの書物において意図したことは、マルクスおよびマルクス主義者によって「ユートピア社会主義」と名づけられた思想の意義を積極的に認め、そのなかに本来的に含まれている「共同体の共同体」の思想をもって、真の人間社会を指示するものとし、その実例をイスラエルの農村共同体

「キブツ」のなかに見いだそうとすることであった。もちろん、ブーバーもこのような社会の建設が、現実的にいかに多くの困難をもつか十分に知りつくしていたことはいうまでもないが、彼がここに指示しようとしたことは一つの「方向」であり、それに向かって現実を着実に築きあげて行くべきであるということであったのである。

ブーバーは『ユートピアの道』で明らかにした政治的原理と社会的原理、権力の集中化と分散化の問題を引き続き「社会と国家との間」(Zwischen Gesellschaft und Staat, 1952) という小論において追求している。これは一九五〇年ヘブル大学創立二五年の記念祭の講演であるが、ブーバーは政治的原理と社会的原理との混同を警告し、これら両者の関係を、プラトンから今日に至るまで歴史的に考察して、後者が前者に優先すべきことを明らかにし、彼の共同体思想の根拠を示している。さらに、以上に関連し次の小論も注意すべきであろう。「政治的原理の妥当性と限界性」(Geltung und Grenze des politischen Prinzips, 1953)。これらのほかに、ブーバーはまた今日の世界平和の問題に対しても適切な助言を与えている。その主要なものとして、すでに言及したユダヤ人とアラブ人との二重国家論のほかに、第一回のアメリカ訪問の際の最後の講演「今の時の希望」(Hope for this Hour, 1952)、またその内容を補正した「抽象と具体」(Abstrakt und Konkret, 1952)、さらにドイツ図書組合の平和賞受賞のときの講演「真の対話と平和の可能性」

(Das echte Gespräch und die Möglichkeiten des Friedens, 1953) などをあげることができよう。

このように、ブーバーは青年時代から宗教と社会、および政治の問題と真剣に対決してきたのであるが、彼が終始一貫して追求しようとしたことは、彼の哲学の基調である、人間存在の基本的事実としての「われ－なんじ」の対話的、応答的関係を、いかにして現実の社会に実現するかということであった。では、ブーバーの考える来たるべき社会の理想像とはいかなるものであろうか。『ユートピアの道』を中心としてその一端を探ってみよう。

二　政治的原理と社会的原理

さて、ブーバーの理想的社会像は、資本主義とマルクス・レーニン主義を越える第三の道として指示されるであろう。彼によれば、今日の資本主義社会を、その社会としての性格の観点から検討するならば、それ自体構造的に貧困な、しかもますます貧困になりつつある社会であることがわかる。ここでいう社会の構造とは、その社会の内容を指すのであって、それを構成する人間関係が相互に共同体的であればあるほど、その社会は構造的に豊かな社会といわれるのである。社会は本質的に孤立した個人から成り立つのではなく、地域的、あるいは職能的な共同体的単位とその連合とからなるのである。したがって、社会の構造的貧困の程度は、その社会がいかに地域的、職能的共同体とその連合とから構成されるかという度合に応じて決定されるといえよう。ところで、今日の資本主義的経済体制とその国家どの圧力の下では、たとえ古い共同体的社会形態を多方面に残存しながらも、その主義と精神において空虚となり、それを構成する人間関係はますます個人化、アトム化の過程をたどり、社会全体が本質的に結びつきのない、構造的に貧困なものとなったのである。以上のような状況のもとにあっては、すべての人間は自己保存のためか、あるいは他者を滅ぼすため以外には、共同活動を可能にする原理によって教育されることはない。このように、高度資本主義の時代は、人間を孤立化することによって、共同体的な真の社会構造をますます破壊して行くのである。

これに対して、マルクス・レーニン主義もこの構造的貧困を解決することはできない。なぜなら、その手段とするところは権力の集中化であって、真の共同体の究極的目標—自由と多様性とに到達することは不可能であるからである。もっとも、初期の時代のマルクスの思想のなかには、ユートピア社会主義と近接した思想を見いだすことができる。しかし、その後のマルクスの思想には、国家的中央集権の底流が表明されている。彼は社会の構造的変革の理念に対して顧慮を払わなかったのみでなく、革命の政治的行為こそ本質的にただ一つの努力すべき事柄であり、そのための政治的準備が唯一の本質的課題であると考えたのである。したがって、彼の場合、権力の集中が最高の決定的原理であったといわなければならない。ところで、レーニンにおいては「プロレタリアート」の独裁と中央集権的革命政治を永久化しようとする傾向がさらにつよく示されている。後述されるように、ユートピア社会主義者たちが、彼らの組合思想や計画について問題にしたことは、共同的生活と労働の小さな独立的単位への人間の自主的結合とそれらの共同体の共同体への自主的結合とであった。しかるに、レーニンがこのような思想および計画の実現として示しているのは、それとまったく逆のものであり、国営生産所と国営配給所の中央集権的、官僚的メカニズムの巨大な機構である。そこでは自主性や自由な結合などはもはや存在する余地がなく、それを夢見る可能性すらも失われているのである。ここに問題として残されているのは、革命のための政治権力と革命後に存続する政治権力との関係のみであって、来たるべき社会の前提となるべき生きた共同体の形成にはいかなる顧慮も払われていないのである。

以上のように、資本主義的個人主義もマルクス・レーニン的全体主義も、ともに「われ—なんじ」の関係にもとづく真の社会をつくることはできない。なぜなら、これら両者とも権力の集中化による強制と支配のもとに、つねに人間を「それ」化するからである。ブーバーはこのような集中化された権力主義を政治的原理と呼んでいる。この政治的原理に対して、ブーバーが主張するより高次の原理がいわゆる社会的原理であるが、それは権力の分散化による自由と管理にもとづき、真の社会の基本となるものと考えている。政治的原理が「われ―それ」の原理であるとすれば、社会的原理は「われ―なんじ」の原理であるといえよう。したがって、社会を真に構造的に豊かな社会にするためには、これら両者の間の関係を根本的に変革することから始めなければならない。すなわち、政治的原理に代わって、社会的原理が支配する社会の建設から出発しなければならない。ではこのことはいかなることをいうのであろうか。

もともと、人間存在の本質的な固有性は、人間が自然に対して技術的世界を形成したということと以上に、防御・狩り・食糧獲得・労働などのために仲間と結合し、しかも、その際、他の一人一人を独立の存在と認め、互いに理解し合い、語り合う存在となったことである。このような相互依存的、同時に独立的な人間存在の「社会的」世界の形成は、人間の技術的労働の場合と同様に、他の動物の類似的企てとはまったく類を異にするものといわなければならない。今日までの人類の進歩の方向は、しだいに増大してゆく人間の独立性、またそれにもとづく相互尊重、および相互責任の上に立つ共同体を形成し、改良することであったのである。ブーバーのいわゆる社会的原理とは、このような人間存在の基本的事実としての人間の独立性と相互依存性とを基礎として、真の共同体を形成する原理を意味するにほかならない。しかし、現代の世界において、この原理は完全に権力集中化の政治的原理に従属し、それによって支配される結果となったのである。このことを要求したのは、近代的工業の発達や資源や市場獲得のための経済闘争であって、そのためには集中化された国家権力に屈服する以外にいかなる方法もありえなかったのである。ところで、このような政治的原理を自己の原理とした点では、資本主義的形態の国家も全体主義的形態の国家も異なるところがない。中央集権的国家の絶対的な権力組織、スローガンへの絶対服従、国家的利益の貫徹の下では、もっとも貴重な善である人間と人間との間の人格関係は干からび、人間は「集団」という機械の歯車の一部となるにすぎない。人間は変質した技術のなかで、労働に対する正しい感情を失い、また同様に変質した社会生活において、共同体に対する正しい感情を失うに至るのである。今日ほど構造的に貧困な社会は他に例をみないであろう。

人間がこの種の危機を克服しうる道は最初の出発点に帰ることによってではない。ただ与えられた問題をそのまま受けとって解決すること、すなわち、それを貫通することによって新しい道が開けるであろう。ここで貫通とは自己の行こうと欲する道を知ることにほかならない。すなわち、まず、最初に始めるべきことは、政治的原理の主権を奪い取ることである。しかし、この第一の目標は、いかなる政治組織の考察によっても達せられるものではない。ここで問題となることは、原則的なあれかこれかということではなく、正しい、たえず引き直される境界線の問題、必然的に中央集権化すべき領域と自由にまかすべき領域、支配の度合と自治の度合、統一的な法律と共同体の要求との間に種々の境界線を設定する方式の問題である。しかも、この境界線の設定は、共同体に対する自主的能力のいかんによって決定されるというべきであろう。言いかえれば、この自主的能力が増大すればするほど、権力と強制は後退し、その逆にこの自主的能力が後退すればするほど権力と強制が増大するのである。このように、権力は共同体に対する自主的能力によって十全な圧力が加えられないかぎり、決して退くことを知らないのである。以上のことからして、政治的原理と社会的原理との交替は、現実的に共同体の拡大をおし進めることによって初めて可能となるのであって、決して革命によるものでないということが明白であろう。

三　ユートピア社会主義

ブーバーは以上のような資本主義とマルクス・レーニン主義を越える真の共同体の理念をサン・シモン、フーリエ、オーエンなどの先駆者を経て、プルードン、クロポトキン、とくにランダウァーに結実した、いわゆるユートピア社会主義の思想のなかに見いだしている。一般に、ユートピア社会主義はマルクスやエンゲルスによって、工業およびそれとともにプロレタリアートが未発達の時期の産物として、したがってたとえそれ自体啓蒙的意義をもつとしても、ブルジョア社会の経済的機構についての科学的洞察を欠く虚構的、空想的体系として拒否されてきたのである。また、その後もこのユートピアというレッテルはしばしば非マルクス的社会主義に対するマルクス主義の戦いのもっとも有力な武器として用いられてきている。しかし、ブーバーは今日の社会主義が迷いこんだ袋小路から抜け出るためには、何よりもまず「ユートピア的」という言葉の真の意味内容について吟味する必要があることを主張する。

さて、人類の精神史に登場したすべてのユートピアには、それが現実には存在しないが、ただ想像されるにすぎない何かについての像であるという点において、一見共通性をもっていると思われる。がしかし、このことは決して根拠のない浮動的なものを意味しているのではない。ユートピア的像はあるべきところのものについての像であり、その像を描くものは、それが存在することを願望しているのである。ここに支配的なものは、宗教的には啓示、また哲学的には理念として体験され、本質的に個人のうちにではなく、人間の共同体のなかにのみ実現されうる正しいものへのあこがれである。啓示における正しいものの幻は完全な時間像、つまりメシア的終末論として、また理念における正しいものの幻は完全な空間像、つまりユートピアとして完成するのである。終末論は神の創造の完成を、またユートピアは人間の共同生活のうちに宿る正しい秩序の可能性の展開を意味する。さらに、終末論にとって決定的な働きは天上からくるのに対して、ユートピアにとってはすべてが自覚せる人間意志によって支配される。しかも、これら両者は決して現実離れしたものではない。それを聞きまた読むものに、自己の現状に対する批判的関係を呼びさまし、あるいは強めるとともに、それを神の光に照らして完全なものであるが、しかも自己の現状からも積極的な道が通じているものとして指示しようとする。すなわち、概念としては不可能にみえるものが、ユートピア像としては信仰の力をひき起こし、目的と計画とを定めるのである。この意味において、終末論は預言者的であるかぎり、またユートピアは哲学的であるかぎり、現実的性格をもつものといえよう。

ところで、ブーバーはユートピア的なるものを図式的虚構（Schematische Fiktion）と有機的計画（Organische Planung）との二つに区分している。前者は、とくに、フーリエの場合のように人間の本質、その能力や欲求についての理論から、人間のあらゆる能力を生かし、すべての欲求をみたすような社会秩序を導き出す抽象的な想像力から出発するところのものである。これに対して、後者は以上とまったく正反対の性質のものであって、社会秩序の矛盾を克服するために、現在の人間と現在の事態についてのドグマに捕われない公正な認識から出発するところのものである。ブーバーにとって、真のユートピア社会主義とは後者に属するものであることはいうまでもない。

さて、真のユートピア社会主義の目標は、国家を、できるだけ広範囲に、しかも仮装した国家ではなく真の社会（共同体）にとりかえることである。真の社会の前提は次のように総括されるであろう。すなわち、それは内面的結びつきのない個人の集合体ではありえないということである。このような個人的集合体は、ただ単に外的な支配と強制の政治的原理によってかろうじてその結合を保持するにすぎない。真の社会は、共同的生活を基盤とする小社会と、これら小社会の連合体から構成され、しかもこれら小社会の成員相互の関係も、また小社会と連合体との間の関係も、できうるかぎり内面的結合をもたらす社会的原理によって規定されなければならない。言いかえれば、構造的に豊かな社会のみが、国家に代わってその後を継ぐことができるであろう。以上のような目標は、その社会の本質からみて、支配秩序の変革―支配的権力者をとりかえるだけでも、また所有秩序の変革―生産手段の所有者をとりかえるだけでも、なおまた社会生活の形態を外部から規制する法律や制度を変更するだけでも、さらにこれらの全部を同時に行なうことによっても達成されえないのである。たとえ以上のことは社会変革のある段階において必要とされる場合があるとしても、それは真の社会の生成にとって基本的で不可欠な、社会の自主性にもとづく内部からの形成、したがってまたそこからくる社会の多様性を権力秩序によって否定しないという条件のもとにおいてのみ可能となるのである。ところで、上述のような真の社会は決して抽象的に建設されるのではない。それは与えられた場所で、与えられた条件の下に、したがって「ここでいま」可能な限度で具体的多様性のなかに実現される。生活様式・言語・伝統・共同の運命などの親近性は、新たな共同社会建設のための永遠の素地となるのである。この意味において、ユートピア社会主義はまた地域社会主義といいうるであろう。

一般に、ユートピア社会主義は、いわゆる協同組合の種々な形態をもって社会の構造的変革のもっとも重要な細胞とみなしている。しかし、このことは今日の消費協同組合や生産協同組合が直ちにその目的に役立つということを意味しているのではない。というのは、協同組合運動は今日必ずしも地域社会の真の連合における消費と生産との有機的結合という方向に発展しなかったからである。社会の構造的変革の細胞という観点からみて、もっとも不適当と思われるものが消費協同組合である。共同の消費ということそれ自体は人間を結合する大きな力をもっている。しかし、消費協同組合の主要な任務は、消費自体というよりも、むしろ消費のための購入である。共同購入が営業となり、その責任が従業員に移るやいなや、人間的結合は非人格的なものとなり、新しい共同体形成のための細胞としての機能を喪失するに至るのである。これに対して、生産協同組合は、はるかに社会の構造的変革の細胞として有力である。なぜなら、生産者としての人間は消費者としての人間よりも、より一層積極的に仲間と共同的であるからである。それにもかかわらず、それが専門化した機械的組織となるにつれて、人間をその組織に従属する「それ」に化する傾向を多分にもっているといわなければならない。消費組合が外部的に資本主義的形態に属するとすれば、生産協同組合は内部的にそれに属するのである。

以上両者の欠点を補うものとして、ブーバーはいわゆる「完全協同組合」の思想を提出している。それは少なくとも生産と消費、工業と農業とを共同の土地を中心とした共同生活において結合することを意図している。この完全協同組合は消費協同組合や生産協同組合に比して広まってもいないし、また成功的であったともいえないが、移住地などの共同体的実験の結果として存在しているのである。一般に、完全協同組合が不成功に終わったのは、しばしばそれが浅薄な感情的基盤や頑固なドグマ的基盤に立っているからである。共通の感情のみでは社会を結合するに十分な力とはなりえないし、またドグマはその社会を他の社会から孤立化し、また内面的にもその社会の分裂と破壊の要因となるのである。その上、それがしばしばその地域やその地域の要求から無関係な抽象的理念や原理から出発するところに問題を含んでいる。しかし、これらの問題は決して解決不可能な問題ではない。ところで、ブーバーによれば、完全協同組合のもっとも有力な試みは生産と消費との結合の上に共同生活が建設される村落共同体である。もちろん、この場合、生産のなかに農業のみでなく、工業および手工業との有機的結合も含まれているものと理解されなければならない。このような村落共同体も、もしより以上の技術的発達が工業生産の分散化を可能にし、またさらにそれを要求するかぎり、都市社会に働きかけうる潜在的浸透力をもっているのである。都市を破壊しようとすることは、かつて機械を破壊しようとしたことがそうであったように、ロマンチックであり、ユートピア的でありすぎるであろう。しかし、都市を技術の発達との密接な関連のもとに、有機的に再組織し、小単位の集合に変える企ては、今日すでに多くの国々で、芽ばえつつあるのである。

四　キブツ

過去の歴史と現在を見わたしたかぎりでは、上述のような完全協同組合を建設しようとした唯一の包括的な試みは「キブツ」(3)と呼ばれるイスラエルにおけるユダヤ人の村落共同体である。これは抽象的な理念やイデオロギーによるのではなく、地域的現実の要求にもとづいて生まれた共同社会である。すでに述べたように、ブーバーはこの村落共同体を「失敗しない実験」と呼んでいるが、現にそれは模範的な「失敗しない実験」となっているといわれている。では、この「キブツ」とはいかなる内容をもっているのであろうか。この「キブツ」は、わが国において一般的に十分知られているとはいえないが、最近一部の人々の間でしばしば問題となりつつあることは注目すべきであろう。もともと、この「キブツ」(Kibbutz)という言葉は、「クヴッァ」(Kwuza)とともに、ヘブル語で集団を意味するが、一般にはパレスチナにおけるユダヤ人の共同体的集団農業を指していうのである。しかし、同じく集団農場といっても、「キブツ」が創設者たちの自由意志にもとづいて建設されたという点において、ソ連のコルホーズと異なり、またパレスチナにおけるユダヤ人の移住、定着、さらに建国という民族運動の過程のなかで建設されたという点において、一般のユートピア的共同体とも異なっている。とくに、彼らの目的がただ単に一つの新しい国家をつくるということではなく、従来の社会的矛盾から解放された新たな社会をつくることであり、またそれが一面聖書の教えによって導かれた高い理想的動機と結合している点において、その存在は他に例をみない独自のものとなったのである。今日イスラエルではこのような「キブツ」が総数二〇〇有余も存在しているが、その人口はイスラエル総人口のわずか四パーセントにすぎないといわれている。しかし、このことはイスラエルにおける「キブツ」の存在理由を少しも弱めるものではない。なぜなら、「キブツ」の人口の低いのは、イスラエルにおけるユダヤ人の農業人口の比率が低い(約一五パーセント)ことに由来するのであって、それを理由にして

「キブツ」の演じている重要な社会的、経済的意義を無視することはできないからである。

一般に、近代になってからのユダヤ人のパレスチナへの農業移民は十九世紀後半からさかんに行なわれてきたのであるが、「キブツ」の創設は ユダヤ人のパレスチナ移住を促進するために、いわゆるシオニスト連合によってつくられた彼らの定着計画にもとづくものであった。シオニスト連合は一九〇八年ルピンを長とするパレスチナ事務局を開設したが、その定着計画の基本的原理となったものが相互扶助にもとづく協同主義であったのである。この原理はただ観念的に考え出されたものではなく、ユダヤ人のパレスチナ移住の現実が彼らに与えた必然的課題であったといえよう。すなわち、パレスチナのきびしい風土、荒廃した土地、原住民（アラブ人）との対立、また不慣れな農業労働は彼らをして必然的に共同体的体制をとらしめたのである。その上、この計画に参加したものが、あらゆる階層のなかから選ばれた「ハルチーム」(Chaluzim, 開拓者)、つまりエリートであったことも社会的階級を超越して仕事を成功に導く原因となったのである。ところが、このような定着計画を推進する有力な先駆となったものがデガニア (Degania) の「クヴツァ」であったといわれる。彼らは協同主義の精神を最大限に生かして、集団生活の新しい生活様式の確立を試みたのであるが、はたしてそれが理想的な定着形態であるかどうかということについては、一般に疑惑がもたれていたのである。つまり、集団化の下における個人の自由や家族の問題、そのメンバーを小人数に限定したこと、また小規模な農業経営からくる経済的不安などの困難な問題が残されていたのである。とりわけ、一九一七年のバルフォア宣言[4](The Balfour Declaration)によってユダヤ人の大規模な集団移住が行なわれるようになって以来、移住民と土地とを結合する、より自然的で、しかもより多くの人口を収容しうる新しい定着形態が求められてきたのである。

以上のような要求に答えるものとして現われたのが「モシャヴ・オヴディーム」(Moshav Ov-dim)と「キブツ」とであった。前者は「クヴツァ」のように、生産と消費を集団化することなく、個人的な家庭を単位とする協同主義的自作農の村落である。それに対して、後者は大規模な「クヴツァ」ともいうべきものであって、農業に工業を結合し、また組織を拡大することによって「クヴツァ」のもつ問題点を解決しようとしたのである。一般的には、前者の形態がより多く歓迎されたようであるが、積極的に多数の移住民を収容するためには「キブツ」のようにより大規模に集団化された村落共同体の建設の必要に迫られたのである。その後、「キブツ」運動はイスラエル国家の建設によってますます勢力を得、さらに全国的規模をもつ連合体へと発展しつつあるのである。

では、「キブツ」の基本的原理はいかなる形でその生活のなかに具現されているのであろうか。

まず、第一に、それは生産・消費・文化など生活のあらゆる面にわたって徹底的な共同体制をとっているということである。ここでは私有財産の必要はなく、集団全体が個人の全生活に対して責任をもつとともに、個人もまた集団全体に対して責任をとるのである。このような共同体制は子供の養育や教育の面にまで及んでいる。第二は、「キブツ」は社会的正義と社会的平等の実現を目指しているという点である。すべての人間がいかなる理由によっても差別されることなく、必需品の配分も能力によってではなく、必要に応じて分配されることを原則としている。「キブツ」はこの意味において、完全な経済的平等を実現した社会といえよう。第三に、「キブツ」は個人の自由意志を尊重し、重要事項はすべて集団討議の上で決定されるということがあげられる。したがって、そのメンバーの間には、支配者と被支配者、命令者と被命令者との関係のような権力による支配関係は存在しない。自由の限界を指示するものは、集団の世論であるが、それに服従するのは各自の内的自覚に期待されるのである。それゆえ、「キブツ」には強制や懲罰の原理は存在しない。また、「キブツ」への参加も離脱も個人の自由意志にもとづいて行なわれる。第四は、「キブツ」は肉体的労働、とくに農業労働を重要視するということである。このことは、一般に、離散のユダヤ人が主として商業や自由業に従事し、肉体労働に対して軽侮的態度をとってきたのに対してまったく対照的である。「キブツ」の労働観はすべての労働を天職とみ、単に幸福獲得の手段ではなく、目的それ自体であると考える。したがって、他人の労働に依存し、また他人を搾取することは許されない。ここで支配するものはいわゆる自発的労働（self-labour）の原理である。多くの「キブツ」が困難な荒地や沼地の開拓に大いなる貢献をしつつあるのも、このような労働観の賜物であるといえよう。以上のように、「キブツ」は自己の集団のなかに徹底的な協同主義の原理を実現しようとするものであるが、自己の外部の世界に対しても決して閉鎖的ではない。それはさらに「キブツ」相互の連合体を組織し、全国的規模にまで拡大され、イスラエル国家全体に与える影響はきわめて大であるといわれている。「キブツ」の新しい社会建設はイスラエル国家の進むべき方向を規定するものといえよう。

しかし、その半面、「キブツ」のなかにも多くの問題が内含されていることを見過ごすことはできない。たとえば、その内部的問題として重要なものは、「キブツ」の私有財産の否定、個人的行動の自由の拘束、家族的プライヴァシーの欠如、集団的体制への反発、また特殊な人間関係などからくる不満や緊張の問題であるといわれている。これらはいずれも「キブツ」の体制をその内部から破壊に導く契機を含むものであるが、それらが一面人間の自然的本性にもとづくものであるかぎり、簡単に解決しうるものではない。「キブツ」における自由主義的人間改造はこの点にいかに対処しうるであろうか。また、以上のような内部の問題以外にも、外部からかなりきびしい批判が与えられている。その一つは、たとえイスラエルにおける「キブツ」の成果は認められるとしても、はたしてそれが近代的産業や近代的国家に適用しうるかどうかという疑問である。第二は、急進的な革命主義者からでる疑問である。すなわち、「キブツ」は資本主義的体制のなかにあって、その内部から社会全体を変革しようと試みるのであるが、はたしてこのような改良主義的方法によって新しい社会が建設されうるかどうかという問題である。第三は、「キブツ」をシオニズム発展の歴史的過程の一段階とみて、今日ひとまずユダヤ人の国家が建設された以上、すでに「キブツ」の存在目的を達成したとみる見解である。これらの問題はいずれも「キブツ」が率直に対決しなければならない問題であろう。「キブツ」はその実践を通してこれらの諸問題に答えることによって、将来におけるその存在理由をもちうるのである。

*

ブーバーは以上のような「キブツ」の功績と問題点について十分に知りつくしていたであろう。今日この新しい社会像は決して支配的であるとはいえない。しかし、将来は必ずそのようになる可能性をもつと確信しているのである。これからの世代に課せられた根本的課題は、政治権力の支配する中央集権的社会主義か、あるいは真の自由な社会的原理にもとづく共同体的社会主義か、そのいずれを選ぶかということである。フリードマンの伝えるところによれば、一九五二年ニューヨークのユダヤ神学校における講演のなかで、ブーバーは次のようにいっている。「大きな危機のなかにあって、来たるべきヒューマニズムの状況は、モスクワに対して異なったタイプの社会主義が建設されるかどうかということにかかっている。そして私は今日でも敢えてそれをエルサレムと呼びたい」。

V 神の蝕《しょく》

——宗教と文化——

一 文化の問題

ブーバーは社会に対する関心に劣らないほど強い関心を文化に対しても示している。とくに、初期の時代のブーバーの関心はもっぱら文化の問題に集中していたように思われる。彼の文化の問題に対する開眼は、ニーチェやまた彼の直接の師ディルタイやジンメルなどの影響に負うところ多大であったといえよう。その後、彼の関心が「シオニズム」運動を契機としてユダヤ精神の探求に向けられて以来、彼の問題の中心は文化それ自体の問題と対決するというよりも、宗教と文化との結合点の問題、言いかえれば神と世界、天と地の対話の問題へと向けられている。今日の西洋文明において、「神の国」と「カイゼルの国」との間に、のり越えがたい巨大な割れ目がますます深まりつつあることは、多くの識者の認めるところである。このことは今日宗教が、単に形式化した信仰や行事に終わり、現実の文化と無関係となりつつあるという事態のなかにもっともよく反映されているであろう。ブーバーはこのような文化と離れた宗教に対してつねに反対してきたのである。真の宗教は宗教という特殊の領域であることをやめて、生それ自体になることを願うと考えている。宗教に対するこのような態度は、ブーバーの思想のヘブル的性格を端的に示すものといえよう。ブーバーにとって、真のユダヤ精神は決して今日一般に用いられている意味での宗教ではない。それはただ特定の精神的な事柄のなかに閉じこもることではなく、むしろ人間の全存在を神に捧げることを求める。それは文化から離反することではなく、そのなかにあって、それを肯定し聖化することでなければならない。以上のような宗教と文化との対話の問題は、初期の時代の『ユダヤ精神についての講演』(Reden über das Judentum, 1923) のなかで中心的課題として取り上げられ、また『われとなんじ』においても、文化における「それ」と「なんじ」の問題として論及されている。しかし、この問題は彼の思想展開の初期の時代に限られたものではなく、その後もひきつづき彼の全生涯を支配した生きた課題であったといっても過言ではない。とくに、晩年のブーバーは今日の時代の文化的危機に対するユダヤ精神の使命を痛感し、この問題に対して格別の関心を示したようである。ブーバーは一九五二年エルサレム、ロンドン、ニューヨークその他で行なったユダヤ精神についての講演『転機に立って』(An der Wende, 1952) を、さらにまた同年アメリカの諸大学で行なった講演『神の蝕』(Eclipse of God——Studies in the Relation between Religion and Philosophy, 1953; Deut. Gottesfinsternis, 1953) を出版し、再び新しく神とイスラエル、宗教と文化の対話の問題の究明を試みている。とりわけ、後者において、ブーバーは宗教と哲学・倫理・および現代思想との関係を追求し、現代文化における神の不在の問題が何を意味するか明らかにしている。では、宗教と文化どの関係に対するブーバーの見解はいかなるものであろうか。今ここに上記の『神の蝕』を中心としてこの問題を考えてみよう。

二　宗教と現代的思惟

まず、ブーバーは現代文化の特質を次のように規定している。「われわれの時代において、巨大にふくれ上がった〈われ―それ〉の関係は、事実上ほとんど無競争で勝利を得、君臨するようになった。この関係における〈われ〉、すべてを所有しすべてを思いどおりに処理し、すべてに成功する〈われ〉、〈なんじ〉と呼びえず、本質的に他者と出会うことのできないこの〈われ〉が、この時期の主である。この全能となった自我はその周囲がすべて〈それ〉でかこまれているがゆえに、当然神も、また超越的なものに由来するものとして自己を人間に現わす、いかなる真の絶対者も認めることができない。自我はその間にはいり込み、われわれから天の光を妨げるのである」(Eclipse, p. 166; Deut., S. 152f.)。ブーバーは以上のような今日の時代の特質をまた「天の光の蝕、神の蝕」(Ibid., P. 34f; cf. P. 164; Deut., S. 31; S. 150) と呼んでいる。

このような「神の蝕」の下にあっては、たとえ宗教に対しなんらかの関心が示されるとしても、それはもはや生ける神との具体的関係を失った独善的な「教義主義」か、または感情的な「典礼主義」か、あるいは自己義認的な「倫理主義」のいずれかに転落して、空虚な形骸をさらすほかはないであろう。このような宗教はもはや今日の文化に対する指導原理としての資格を失うばかりでなく、かえってその玉座を無神論にゆずらざるをえないことは自明である。ブーバーが、「神に生きること」と「この世に生きること」との分離は、すべての宗教の原罪であると述べているのも理由のないことではない。

ところで、ブーバーは今日の宗教的危機の前提である、以上のような無神論的傾向を代表する思想家として、とくにサルトル、ハイデッガー、およびユングの三人をあげている。サルトルは彼の無神論を次のように宣言している。「無神論的実存主義者、そのなかにはハイデッガーや、またフランスの実存主義者、そして私自身を入れなければならない」(L'existentialisme est un humanisme, p. 21; Eclipse p. 88; Deut., S. 77.)。（もっとも、ハイデッガーはこのように分類されることを拒否している。） 彼は明白に自分の無神論を、実存主義の論理的帰結であると理解されるように欲している。われわれはここに従来の唯物論的無神論と基本的に異なっている無神論に当面するのである。サルトルはニーチェのかの有名な「神は死せり」[1]（Gott ist tot.）という叫びを普遍的な事実として承認する。しかし、これによって彼の意味することは、神は存在しない、あるいは神はもはや存在しないということではなく、むしろ「神はわれわれに語ったが、いまは沈黙している。われわれがいま触れるものはすべて神の死体である」ということである。実存主義は勇気をもって神の探求を断念し、神を忘れなければならない。今や人間は神の死とともに、かつて間違って神に帰せられた創造的自由を回復すべきである。世界は人間の出現によって存在するのである。というのは、人間の主観性の世界以外に、いかなる世界も存在しないからである。また、絶対的価値の発見の可能性も神とともに消滅し、すべてが許されている人間はまったく自由それ自体であるがゆえに、価値を決定するのは人間自らの仕事である。それゆえに、サルトルは文字どおり次のようにいっている。「もし父なる神を捨てたならば、何者かが価値発見のために必要である……生命は先天的な意味をもっものではない。……それに意味を与えるのは君の責任であり、価値とは君が選んだこの意味以外の何ものでもない」(Ibid., p. 89; Eclipse, p. 93; Deut. S. 83)。

この実存主義的文学者の議論以上に重要な意義をもつのは、哲学者ハイデッガー(2)の見解である。この問題についての彼の思想は、とくに一九四三年以後のいわゆる第二期の著作に示されているが、すでに、はやい時代の著作にもその萌芽が見いだされるのである。彼もサルトルと同様に「神は死せり」というニーチェの言葉から出発する。彼はニーチェがこの言葉によって意味したことは、神のみでなくすべての形式の絶対者、したがって宗教のみでなく、また形而上学の否定であることを明らかにしたが、さらにこの否定の極限において新しい立場、すなわち「聖なるもの」が新しい、まだ予期しがたい形式で現われうると確信したのである。ハイデッガーはこのような立場を無神論とみたり、また必然的に虚無主義に堕する無関心主義とみることに反対する。それどころではなく、宗教的基本概念を通して「神」とか「聖なるもの」などの言葉の意味を概念的に明らかにすることが、今日の時代の固有な要求であるとさえ考えている。ところが、この時代を乏しい時代と呼んだヘルダーリンの解釈において、それは「逃亡した神々の時代であるとともに、また来たるべき神の時代である」と述べている。この時代が乏しいといわれるゆえんは、逃亡した神々はもはやなく、来たるべき神もいまだないという二重の欠乏のうちに立っているからである。「聖なるもののなかに住むものはだれであるか」ということを告げうる言葉が欠如しているように、神自身も欠如している。今日の時代は神の不在の時代である。「言葉」も

「神」もともに不在の時代である。それゆえに、今日の時代に生きる人間は、つとめて自己自身で神をつくったり、またこれ以上、慣習的な神を呼ぶべきではないと考えるのである。彼が警告を与えるのは宗教一般に対してであるが、とくにヘブル的＝キリスト教的伝統の預言者的原理についてはー層そうである。

サルトルもハイデッガーも、ともにニーチェの「神は死せり」という言葉から出発して、前者は人間的自由の復興を、後者は神の再生の概念を確立し、両者とも今日の時代の神の不在を帰結したのに対して、ユングは純粋に心理学の立場からこの問題を取り上げている。ユングの宗教に対する立場は、次の二つの命題に要約される。すなわち、一は現代の意識は十九世紀のそれとは反対に、もっとも深く強い期待をもって人間の心に向けられているということであり、他は現代の意識は信仰を、またその上に立てられた宗教を忌避するということである。このことは現代の意識がもはや宗教によって信じられた神と無関係であるということ、またこのような神は心的内容以外の何ものでもないがゆえに、現代の意識は神の代わりに人間の心に向かうということを示しているのである。現代人はもはや神を知るかのように装う必要はない。彼は神の代わりに自らの心、つまり自我を知るのである。自我は自己自身のなかに救い（自己昇華）を含むものとして世界の玉座を占めると考えている。この意味において、ユングのグノーシス的宗教心理学は「来たるべきもの」としての神を予知するものといえよう。

しかしながら、以上のような現代の無神論的傾向は、はたして真の現実を的確に把握するものであろうか。サルトルは「神の沈黙」ということから直ちに神は存在しないという結論を出しているが、人間がこの「神の沈黙」において神の声を聞かないこと、また聞かなかったことがいかなる役割を演じているかということはまったく不問に付されている。神が存在しないから神の声を聞くことができないのか、あるいは人間が自我に閉じこもって聞こうとしないから聞くことができないのか、そこには根本的な問題が残されているといわなければならない。また、価値が人間存在に方向を与える指導原理となるのは、それが多くの可能性のなかから、人間によって勝手につくられたり、選ばれたりすることによってではなく、むしろ人間が真の実在と出会うことによって見いだされるからである。価値とは人間が現にそうでないところのものへ人間を高めようとするものであるが、はたしてこのようなものを人間の存在性のなかから引き出すことが可能であろうか。また、ハイデッガーについても、今日の「神の死」のあとに来たるべき「聖なるもの」とは、存在についての人間の思惟によってもたらされるものであり、さらにそれが、現実的な歴史的時と混同された点において根本的な問題を残すといわなければならない。彼は「歴史は真理の本質が根源的に決定される時にのみ存在する」(Erläuterungen, S. 73; Eclipse, p. 103; Deut.

S. 93）と述べながら、事実彼がこの意味で歴史として肯定した時は、ヒットラーやナチスのそれ以外の何物でもなかったのである。彼がヒットラーを「現代および未来のドイツの実在とその法」と宣言した時、歴史はもはや、すべての信仰時代におけるように、神の審判の下に立つのではなく、それ自身最終的なるものとして「来たるべきもの」にその道を指示するのである。ここには「聖なるもの」との真の応答関係を失った人間の絶対的自己肯定が見いだされるのみである。以上のような人間の絶対化は、ユングの場合についても同様であろう。彼によれば、神は自我に内含された心的内容と考えられているが、このことは神が自我の外にあってそれに対応する存在として内含されているという意味ではない。したがって、彼が統合された「自我」を「神の姿」から、また「自我実現」を「神の受肉」から区別しがたいといっているのも、以上の点において理由のないことではない。また、このような自己神化の過程が「集合意識」を通して起こるということも、考えられるように普遍性を決して与えるものではない。なぜなら、それさえも個人の心を通してのみ経験の対象となりうるからである。

以上のように、「天の光の蝕」「神の蝕」は今日われわれの住んでいる世界の歴史的時の特色である。しかし、このことはちょうど日蝕が太陽と人間との間に起こる出来事であって、太陽それ自体に起こるところのものでないように、今日の人間が神の再現を可能ならしめる精神的状態を欠如していることを意味するにすぎない。もし人間が神的世界の排除に成功し、その過程に「神の蝕」が起こるとしても、神はなお暗黒の壁の背後に厳然と存在している。人間が神の名称を破棄しうるとしても、その捨てられた名称によって指示されている神は、永遠の光に生きている。ところで、このような「神の蝕」のもたらす恐るべき結果は、人間がもはや神の臨在を感じなくなったということである。このことは世界が非道な力におおわれ「不正なさばきをなし、悪しき者に好意を示す」(詩篇八二篇) 裁判官にゆだねられるほか、他に道がないということを意味している。ブーバーはこのような世界を、真の裁判官の近くにいない世界、あるいは城主が近くにいない世界として、もっとも切実に描き出しているユダヤ人作家フランツ・カフカに対して深い共鳴を示している。「カフカは人間の世界を、それをもって乱脈な遊びにふける、(神と人間との間をはばむ) 中間者にゆだねられたものとして描いている。この世界をそれらの汚れた手にゆだねた、知られざる常住者 (神) からはいかなる慰めや約束の使信もわれわれに浸透しない。神は存在するが、ここには現存しないのである」(Recht, S. 38)。世界は「神の蝕」の下で暗黒のなかに見捨てられ、そのなかに吸い込まれているのである。

三　悪の様相

以上が今日の文化の特質である。しかし、上述のように、「神の蝕」は神の光が消滅したということをいうのではない。ただ今日の人間が神を把握する能力を失ったことを意味するにほかならない。つまり、「神の蝕」は神自体の問題ではなく、その責任はむしろ人間の側にあるといわなければならない。したがって、もしこの障害が取り除かれるならば、天と地、神と世界、宗教と文化との間の真の関係は再び回復されるであろう。では、この人間の側の障害とは何をいうのであろうか。われわれはここにブーバーにおける悪の問題に直面するのである。

ブーバーは悪の問題についても青年時代から心を奪われていたようであるが、真剣にこの問題と取り組み始めたのは、第一次世界大戦後のことである。ブーバーのフランクフルト大学での最初の宗教学の講義は悪の問題についてであったといわれている。しかし、彼が本格的に悪の問題と取り組み始めたのは、一九四三年ヘブル語で出版された、ナポレオン戦争の時代を背景として二人の「ツァディーク」の生活を描いた歴史小説『ゴグとマゴグ』においてである。ついで一九五二年に刊行された『善と悪の様相』(Bilder von Gut und Böse, 1952) において、やっと彼は悪についての円熟した明確な思想に到達したといわれている。この書物でブーバーが明らかにしようとしたことは、悪の問題は哲学的方法によっても、また心理学的方法によっても十分に捕捉しうるものではなく、むしろ人間の全存在にかかわる実存的なるものであるということである。彼はヘブル神話とペルシア神話に、悪の本質的意味がもっともよく明示されていると考え、それらの解釈を通して悪の二段階を区別し、彼の対話哲学の観点から悪の真の意味を捕捉しようと試みている。これらブーバーの悪の問題への反省は、ナチスのユダヤ人迫害、二回にわたる世界大戦、またパレスチナ戦争を通して彼自ら体験した悪の残虐な現実的様相によって裏づけられたものであることはいうまでもない。事実、ブーバーほど悪の実在性について深く反省した思想家は他にあまり例をみないであろう。

一般に、善と悪とは相互に対立する方向を示す、同一性質の同一平面における両極として理解される。しかし、もし倫理的抽象ではなく、人間的現実の真の状態を考えるならば、これら両者の間には本性的、構造的、また機能的に根本的相違点のあることを認めなければならない。ブーバーはこのような人間の現実としての悪の本質を解明するために、ヘブル聖書とゾロアスター教の神話の解釈を通して、悪には方向の喪失と関係の喪失との二段階の区別のあることを明らかにしている。第一の方向の喪失の段階はアダムとイヴ（創世記三・一以下）、カイン（創世記四・一以下）、および大洪水（創世記六・一以下）の神話が示しているように、いわば善・悪の選択、あるいは決断以前の状態をいうのである。アダムとイヴが禁断の木の実を取って食べたのは、それが「食べるに良く、目には美しく、賢くなるには好ましいと思われた」からである。つまり、それは善悪の選択にもとづく行為というよりも、むしろ「好ましいと思われる」漠とした夢のような、可能性に対する妄想から生まれた行為であった。カインの場合もまた同様である。彼がカインを殺したのは善悪の判断によるものではない。彼は人類の最初の殺人者として、それが何を意味するか知らなかったのである。彼の殺人は善悪の選択以前の方向を喪失した衝動的迷いの渦のなかでひき起こされた出来事にほかならない。また、洪水物語にしても、人間が神から罰せられたのは、人間の魂の退廃のゆえではなく、気まぐれな可能性の想像による「道の混乱」のためであったとみるべきであろう。以上のように、悪の第一段階は人間の想像による可能性との遊び、いわば自己誘惑としての遊びを指示するものといえよう。それがヘブル聖書で悪と考えられた理由は、神の与えた現実から目を転じ、自己の妄想を現実化するからである。しかしながら、ブーバーにとって、以上のような人間の想像もそれ自体必ずしも絶対的に悪とはいいえないのである。それは悪でもあり、また善でもある。人間の最大の危険でもあり、また最大の好機でもある。なぜなら、もしそれがその方向を喪失してその内部にとどまるかぎり悪であるが、その逆に真の方向を見いだし、可能性の渦から脱出するかぎり善となるからである。したがって、それは善、悪いずれの方向へも向かいうる根源的な力を意味するであろう。後に、タルムードの二つの衝動の思想が起こったのもこのような観点からであろう。事実、想像を意味するヘブル語の「jezer」には意味上の変化が起こり、ベン・シラのころから、神の意志に従うために律法《トーラー》と信仰を守る自由とともに、神から人間に与えられた衝動を意味したのである。タルムードにおいて、この概念は善の衝動と悪の衝動との二つに分けられるとともに、他方また後者をもって根源的なるものと考えている。悪の衝動は人間存在に固有な情念として、また善の衝動は神への方向を示す純粋方向として示されているが、人間の仕事は悪の衝動を除去することではなく、かえってそれを善の衝動と結合し、真にその向かうべき方向へ転じることである。このようにしてのみ、人間は真に全体的存在となることができるのである(3)。

次に、ブーバーはゾロアスターの経典アヴェスタや、それ以降の文献にあらわれている神話の解釈を通して、悪の第二の段階が悪に対する現実的決断を意味することを明らかにする。ここにおいて、善悪は二つの相対立する根源的な霊の働きとして取り扱われ、悪は初めて独立した存在性を獲得している。ゾロアスターの賛歌によれば、神の根源的行為はその内部における決断、すなわち善悪の自己選択であって、それによって善悪がそれぞれ現実化されるのである。また神によってつくられた人間にも同様に決断の力が与えられ、自らの内部で善悪を選択する。神と人間との間に立つ霊も、神や人間と同様に、善悪を選択するが、悪霊アーリマンの場合のように、この選択は全く矛盾的といわなければならない。なぜなら、彼は悪以外の何物も選択しないからである。ところで、このような矛盾はさらに太古の王イーマ (Yima) の伝説のなかに展開されている。彼は最高神アーウラ・マズダー (Ahura Mazdah) の意に従って、全世界の支配者となったのであるが、聖書に記されているのと同じような大洪水の後に、従来おさえていた悪霊の立ち入りを許し、自らを賛美祝福することによって「偽り」をもくろんだのである。けだし、ここにいわゆる「偽り」とは、単に言葉上の虚言のようなものではなく、神に対して反逆し自己を絶対者として賛美する実存的な「偽り」をいうのである。悪霊の友となったイーマ王は、そのために彼の手中に陥り、身を滅す結果となったのである。ここに人類の最初の「偽り」と「死」が始まるといわれる。このようなイーマ王の神に対する反逆・自己神化、および転落の神話は、ヘブル聖書ではバベルの塔（創世記一一・一—九）やルシフエル（イザヤ書一四・一二）などの物語にも見いだされ、また両者とも同様に善悪は人間が決断すべき二者選一として示されているのである。ここに悪の第一の段階につづいて、悪の第二の段階が起こるのである。

以上はただ単に神話の物語ではない。それらが指示するところのものは人間の生の現実としての悪の問題である。第一の段階が方向を喪失した決断のない状態であるのに対して、第二の段階は絶対的な自己肯定への決断としてあらわれる。もし第一の段階の支配的動機が善悪の知識を通していかにして神のようになるかということであるとするならば、第二の段階のそれは自己を絶対者と宣言することによっていかにして神のようであるかということであったといえよう。前者の場合はかりそめの出来心から起こった過誤であるがゆえに、いわゆる根本悪を含むものとはいえないが、後者の場合は決断をもって選択された行為であるがゆえに、根本悪の形をとって現われるのである。またブーバーは上述の悪の二つの段階に対応して、「罪人」と「悪人」との区別をしている。罪人が神の道を誤るものであるのに対して、悪人はそれにそむくものである。罪人が悪を行なうものであるならば、悪人は悪そのものであるというべきであろう。では、なぜ神のほかにこのような神に反抗する悪意が存在するのであろうか。人間はそれに対して答えるべき言葉を知らない。しかし、このことは、悪が善に対立する絶対的原理として存在するということを意味するものでないということに注目しなければならない。悪の第二の段階は絶対的な自己肯定、すなわち神と他者に対する真の関係性の喪失であるが、もしそれが正しい関係性への確立に向かうならば、悪はかえって善へと転じられるのである。いかなる人間も本性的に悪人として、神から破棄されるようなものはいずこにも存在しない。ただ自己を絶対化してそのうちにとどまるか、あるいは自己の全存在をもって神との関係の回復をはかるか、人間のあり方が問題となるのみである。この場合、この関係性の回復への呼びかけがいわゆる良心の声として成立するのである。

人間が悪から転向して神との正しい関係性を確立することが、彼と世界との救いの初めである。人間の救いは神の意志であるが、人間が全存在をもって神に向かい、神の救いを受けいれることによってのみ可能となる。しかし、人間の神への転向は、単に事柄の発端にすぎない。というのは、救いが完成するためには人間の行為は神の恩恵によって答えられなければならないからである。人間が神に向かうとき、神もまた人間に向かい、その出会いが救いとなるのである。救いを人間の側の部分と神の側の部分とに分けることは無意味である。それゆえ、神への転向を「悔い改め」のような純粋に内的な心理的現象と考えてはならない。転向は神と人間との間に起こる出来事であって、ちょうど生や死が心理的でないと同様に、決して心理内の出来事ではない。ところで、この転向への契機となるものが、聖書のいわゆる「神の畏れ」である。これは生死の間の人間存在が、不可解なうす気味悪きものとなるとき、生の安定が絶対的に知りえない不可思議な神秘を通してゆり動かされるとき現われる。しかし、人間はこのような「聖なる不安」の瞬間に神の手が降るのを感じる。もし人間がその手に自己を任す勇気をもち、その不安から救い上げられるならば、彼は救いが何であるか知るであろう。このように、人間は神の救いにあずかるためには、自己の全存在をもって神に向かって転向しなければならない。

以上のように、悪は方向の喪失と関係の喪失という二つの様相をもつのであるが、とくに「神の蝕」をひき起こす障害となるのが後者の場合である。もしこの障害が除去されるならば、天と地、神と世界、神と文化との関係は再び回復されるといわなければならない。では、このような関係の回復とは具体的にいかなることを意味するのであろうか。この問題を明らかにするために、宗教と主要な文化的領域である哲学・倫理・教育その他との関係を考察してみよう。まず、宗教と哲学との関係の考察から出発しよう。

四　哲学・倫理

ブーバーは世間一般の意味での体系的哲学者ではない。彼が求めたものは、実在について哲学的体系をうち立てることではなく、むしろ実在と出会い、そのなかに生きることであった。言いかえれば、彼は哲学について論じたのではなく、むしろ哲学が生活そのものであったのである。しかし、このことは決してブーバーが反哲学的であったということを意味するのではない。事実彼ほど西洋の哲学的精神と伝統を深く身につけた思想家は他にあまり例を見ないであろう。われわれはその片鱗を彼の著作の随所に見いだしうるのみでなく、彼の西洋哲学に対する鋭い批判はプラトンやアリストテレスを初め、ベルグソン、シェーラー、ハイデッガー、ヤスパース、サルトルなどの現代の哲学者にまで及んでいる。ブーバーは哲学を否定したのではなく、かえって真の哲学を求めて遍歴する巡礼であったというべきであろう。すでに言及したように、ブーバーの著作のなかで、もっとも哲学的なものは『人間の問題』と『神の蝕』である。すでに指摘したように、前者は彼の固有な思想である対話の立場から、古代から現代に至るまでの哲学史的反省を通して人間存在の問題を追求し、真の人間存在がただ単に自己自身にかかわる独語的存在ではなく、他者との関係に立つ対話的、応答的存在であることを明らかにしている。また、後者は端的に宗教と哲学、および倫理などとの関係を追求しようとしたものである。われわれはこれら両者において、真の実在の探求に透徹しようとするブーバーの深い哲学的精神の一端にふれうるであろう。

ところで、ブーバーにとって、今日しばしば哲学が「神の蝕」をひき起こす原因となっているのは、哲学が宗教から離反して自己を絶対化しようとするところにある。その結果が哲学による「神の死」の宣言であったのである。しかし、哲学は宗教に対して自己の限界性を知らなければならない。では、哲学の限界性とはいかなることをいうのであろうか。このことは宗教と哲学との相違点について考察することによって明らかとなるであろう。さて、ブーバーによれば、宗教と哲学とはいずれも人間存在の基本構造に属するものであるが、実在に対する態度において両者は本質的に異なっている。つまり、宗教は「信じられたもの」、すなわち無条件的に肯定された絶対者との関係に生きることであるが、これに対して哲学はその絶対者を対象化し、しかもそれをすべての他の対象のなかでもっとも根源的なものと考えるのである。したがって、たとえ信仰者が人格神の観念を所有しないとしても、もしその「信じられたもの」を彼に向かい合う生きた存在として捕捉するならば、彼は信仰に生きているのである。しかし、その逆に、たとえ彼が人格神を信じていると思っても、もしそれを対象として思惟しているのであれば、彼は哲学しているのである。たとえ絶対者が言葉や心で呼びかけられないときでも、宗教はなお「われ―なんじ」の関係性の上に基礎をもっている。これに対して、たとえ哲学的行為が究極者の観想を全うするときでも、哲学は「主観―客観」の二元性に支えられている。宗教は人間が絶対者と相互の応答関係に生きるという根源的状況から生ずるのに対して、哲学はこの相互の関係性のまったく異なった二つの領域への分裂、すなわち対象化する主観と対象化される客観との分裂から生ずるのである。「われ―なんじ」の関係は生きた具体性のなかに、またそれによって成立するのであるが、「主観―客観」の関係は思惟の抽象化作用の結果生じたものにほかならない。宗教はいかなる形態をとるにしても、本質的には他者との応答関係における自己存在の展開であるが、哲学は自ら自律的と考える意識の産物であるといわなければならない。それゆえに、哲学の立場から、宗教をある種の不完全な知的作用と考え、その本質を不可知的な対象の知とみるのは間違いである。宗教において知が問題となるのは、認識主観と対象との認識関係としてではなく、生ける存在の相互の交わりとして理解されるからである。

しかしながら、他方また宗教と哲学との相違をそれらの意図する目的の相違によって、すなわち宗教は救いの探求を、また後者は本質の探求を目指すものとして区別しようとする試みがあることは周知の通りであろう。しかし、このような区別は決して本質的なものではない。救いの探求が本質の究明と異なるのはただその考察態度によるのである。むしろ、宗教の主要な傾向は、救いと本質との統一をはかるところにあるのである。たとえば、聖書の「神の道」や道教の「道」は、宇宙の本質を示すとともに、人間の救いの道を示している。宗教は救いにいかに高い地位を与えるとしても、決して本来的に最高なものとは考えていない。救いを求めることによって真に意図されていることは、個人の恣意的願望から解放されて、「神の道」に徹することである。いわば、宗教が「宗教」という特殊の領域や行為であることをやめて、生命それ自体、純粋な「日日」となることである。ここに宗教における救いと本質との統一の意味があるのである。このように、「本質」に対する宗教的態度は人間が神と生きた具体的関係を結ぶことであって、いわゆる抽象的な普遍性のなかに解消されるということではない。過去の歴史的宗教に現われた預言者や改革者の戦いは、以上のような神と人間との出会いの場として、この生きた具体的関係をおびやかす、形而上学・グノーシス・呪術・政治その他からくる非宗教的要素に対する抗議であったとみるべきであろう。

これに対して、哲学は以上のような宗教の具体的現実から目を転じ、それを抽象化することから出発する。ここでいう抽象化とは、端的に人間が自らを具体的現実を越えて厳密な概念性の領域へと高める、人間の内面的働きを指していうのである。そこにおいて、概念は現実的制約から解放された思惟の対象として現われるのである。この内面的働きの主体としての「われ」は、デカルトの「われ思う」(Ego cogito)の命題に示されているように、単なる認識主観としての「われ」であって、生ける具体的存在としての「われ」ではない。したがって、人間がそのなかに生きる具体的現実も、すべてこのような「われ」によって思惟された対象へと転じられることとなるのである。また、哲学は以上のような抽象化の最高の段階を、いわゆるイデアの観想と考えている。一般に、このような思惟の視覚化はインド人によって準備され、ギリシア人によって発展されたことは——とくに、プラトンによって明確化され、プロチノスにおいて完成した——周知の通りであろう。しかし、このことは抽象化された普遍性のなかに絶対者をみるということであって、そこにはもはや宗教における絶対者と人間存在との生ける具体的関係は見いだしえないのである。このように、哲学はその抽象化の方法によっては、いかにしても生ける具体的現実に到達しえない限界性をもつことは明らかであろう。しかるに、哲学が自己の立場を絶対化して宗教を無視するところに根本問題がひそんでいるのである。この意味において、中世スコラ哲学の普遍論争も、本質的には上述のような宗教と哲学との間の哲学的論争であったといえよう。

しかしながら、以上のような哲学の尊大な傲慢さにもかかわらず、宗教はその成果に対して無批判であってはならない。宗教は知が人間に必要であるばかりでなく、人間の義務であることを認めるべきである。すなわち、人類の歴史がこの知の必要性と義務性とに沿って動いていること、聖書的にいえば、知恵の木の実を食べることは、パラダイスからこの世界へ導くことであるということを知らなければならない。言いかえるならば、哲学的態度なしには、自然的世界においても、また精神的世界においても、連続的一貫性をもつ統合された客観的知の世界の成立は不可能である。思惟能力をもち、知を理解しうるものは、だれでもすべてこの世界にはいることが許される。また、このことによって客観的な相互理解の共通の場が開かれるであろう。しかし、このようにして成立した知の客観的世界は、いわば実在についての認識の整理統合であるとしても、決して実在そのものの所有を意味するのではない。しかるに、宗教は客観的知の世界を尊重しながらも、それを越えてその背後に隠されている実在そのものとの交わりを目指しているのである。この意味において、哲学の終わるところ宗教が始まるといわなければならない。また、哲学も自己の限界性を自覚することによって、そのまま宗教に包まれるのである。もっとも、この場合、哲学の自律性が否定されるのではない。それは宗教のなかに包まれることによって、もはや自己の絶対性を主張することなく、かえって謙虚に神の奉仕へと転じられるのである。哲学も宗教もともに実在に対する人間存在の基本的態度を示すものである。前者が「われ―それ」の関係の最高表現であるとすれば、後者は「われ―なんじ」の関係を完成するものといえよう。まことに、ローゼンツヴァイクの言っているように、神的真理は哲学と神学との二つの手をもってこい求められなければならない。

次に、ブーバーは宗教と倫理の問題についていかに考えていたのであろうか。一般に、ブーバーの思想は、その全体がきわめて強い倫理的色彩に色どられていることによっても明らかなように、彼の関心の中心がはやくから倫理の問題に向けられていたことは想像するにかたくない。ところで、ブーバーは「倫理的」ということを定義して次のように述べている。「われわれは厳密な意味における倫理的ということによって、人間に可能な態度や行為に対して与える肯定と否定、つまり個人や社会に有用、または有害であるということによってではなく、本有的な価値、または不価値にもとづいて肯定し、または否定する態度や行為の間の根本的区別を意味するのである」(Eclipse. P. 125; Deut., S. 115)。すなわち、純粋に倫理的ということは、人間が自己の可能性と対決し、その対決のなかで、彼の置かれた状況の下で何が善悪正邪であるかということ以外のことを問うことなく識別し決断する場合をいうのである。この識別と決断の基準は伝統的なるものである場合も、あるいは個人によって認識されたり、また啓示として与えられる場合もあるであろう。しかし、もっとも重要なことはこの基準の真の根源は人間の本来的自覚——人間が真に何であり、その固有な一回限りの存在において、何になろうとしているかという真の自己存在についての自覚である。

しかし、以上のようなブーバーの倫理的立場に対して、ブーバーを人間の行為を本有的な価値から規定しようとする一種の自律的倫理の立場に立つものとみる解釈が成立するであろう。けれども、ブーバーの立場は決してこのような自律的倫理の立場を指すものではない。なぜなら、「彼自身の心のなかに（善悪の）識別と決断を求めようとするものは、彼の心から価値の尺度のために絶対性をひき出すことはできない。ただ絶対者との人格的関係から、自我のまったき自覚の必須要件である、倫理的対等関係の絶対性が現われるからである」(Ibid. p. 129; Deut., S. 119)。しかし、また、以上のことをもって直ちにブーバーの倫理を一種の神律的倫理とみるのは早計である。ブーバーによれば、絶対者が応答的関係のなかで語る時、もはや自律か神律かというような二者択一は存在しない。相互性の真の意味は、義務を外部から課すことではなく、むしろ自由に内部から了解されることを望むという点にあるのである。すなわち、了解されるべきあるものが与えられるのであって、了解が与えられるのではない。人間の行為は、開示されるべきものを自ら開示するために、まったく彼自身のものでなければならない。神律において、神法は人間自身を求め、そして真の啓示は人間に対して人間自身を啓示するのである。以上によっても明らかなように、ブーバーにとって、真の倫理の根底にあるものは、宗教と倫理との対話であるといえよう。この宗教と倫理との対話の可能性は、人間が神に向かいあう独立的な人格存在としてつくられ、まったき自由と自主性をもって神の律法《トーラー》にあずかりうるという点にあるのである。したがって、これら両者の関係はただそれらおのおのの教説を比較することによって規定されるものではない。これら両者の真の対話は、人間存在の一方、神に対する関係と、他方、各自の道徳的決断が相互に関係し合い、その存在構造に全面的な変化がもたらされるところにその真の意味が存するのである。まことに、生ける宗教は生ける道徳を要求するというべきであろう。

ところで、以上のように宗教と倫理とを結合して考えていた時期が、人類の精神史において、二度あったのである。その一つは、古代東洋や古代ギリシアの場合である。シナの「道」、インドの「リタ」(Rita)、ペルシアの「ウルタ」(Urta)、またギリシアの「ディケー」(Dikē)はそれぞれ宇宙を支配する神的原理であるとともに、同時に人間の行為を規定する道徳的原理と考えられた。つまり、ここでは神的なるものと倫理的なるものとが同一なるものであったのである。しかるに、これら両者の分裂という大きな危機が古代ギリシアにおけるソフィストの運動によって促進されたのである。周知のように、彼らは道徳の神的起源を否定し、すべてそれらは人為的なるものであると規定したのである。それゆえに、この世界には絶対的な唯一の道徳というものはなく、あるのはただ時代とともに変化する、人間がつくった慣習と規準のみと考えられ、人間が万物の尺度となったのである。このようなソフィストによる道徳の相対化に対して、絶対者と倫理との結合を試みたものがプラトンのイデア論であるが、それは必ずしも成功したとはいえない。ソフィストに始まる宗教と倫理との分離は古代世界を崩壊へ導く原因となったのである。

次に、宗教と倫理との結合した他の時期は、イスラエルの場合である。もっとも、この時期は上述の時期と比較してその内容や発展過程においてまったく異なっていることはいうまでもない。すなわち、第一の時期の場合、絶対者はただ単に宇宙の秩序、あるいは法則を意味し、それが行為の規範として人間に向けられたのに対して、イスラエルの神は律法《トーラー》を与え、これを守る天地の主宰者として現われたのである。しかし、しばしばいわれるように、このイスラエルの宗教と倫理との結合を、極端な神のさばきの恐れを伴う神の命令という意味でみることは当をえたことではない。シナイ山で与えられた律法《トーラー》は、むしろそれを越えて、「聖なる領域」へ導くために意図されたものである。イスラエルの民の目標は「よき民」になるようにということよりも、「聖き民」になるように命じられたということにあったのである。言いかえれば、すべての道徳的命令は、人間を倫理的なるものと宗教的なるものとが融和する領域へ高めるものとして定められていたのである。その後、ヘレニズムの時代になって、イスラエルの源泉から発し、ギリシア思想やペルシア思想によって強められたキリスト教は、イスラエルの民族宗教を、かつて見なかったほど内面的に充実した個人宗教に変えたのであるが、その半面、宗教的なるものと倫理的なるものとの関係を破壊する結果に陥ったのである。すなわち、民の聖のために個人生活における聖ならざるものを非難する預言者的精神力が活動を停止し、道徳は個人の良心の問題へと後退したのである。とりわけ、パウロ神学において信仰と行為の領域が分離されたのみでなく、さらにアウグスチヌスにおいて信仰が神の恩恵として受け取られる時、人間が神の独立した協力者であるというイスラエル的人間の秘義は曇らされてきたのである。それゆえ、ここでは倫理的なるものは中心的位置を喪失したのみでなく、それに代わって世俗的な道徳的法則が絶対的権利を主張するに至ったのである。このような宗教と倫理との分離の危機は、現代にまで及んでいる。古代ギリシアの場合と同様に、ここでもより複雑な形で道徳を相対化する運動や知的表現が見いだされる。このような運動はすでに十八世紀においてホッブズなどの思想に表明されているが、十九世紀以降フォイエルバッハ、マルクス、ニーチェなどの近代のソフィストを通して、今日の道徳的虚無主義を招く結果となったのである。これを救うものは新しい権威主義の道徳を確立することではなく、道徳的価値が絶対者と人間存在との真の関係性に基礎づけられることによってでなければならない。

五　教育・精神療法

ブーバーは『われとなんじ』の新版の「あとがき」のなかで、「われ―なんじ」の関係性をもっともよく特色づける実例として、教師の生徒に対する関係、および精神療法における医師と患者との関係をあげている。このブーバー自身の言葉をまつまでもなく、彼の対話の哲学は今日ひろく教育や心理療法の領域にまで多大の影響を与えてきている。では、ブーバーはこれらの問題についていかに考えていたのであろうか。まず、教育の問題から考えてみよう。

ブーバーがはやくから教育の仕事に重要な意義を見いだし、若い時代は「シオニズム」運動を通して青年の社会教育に、その後フランクフルト大学やヘブル大学では直接的な学校教育に、また定年退職後はイスラエルの移住民のための成人教育のために尽くしてきたことはすでに述べたとおりである。事実、彼の生涯は教育に全人的使命を感じ、そのために自己の全生涯を捧げてきた、よい意味におけるもっとも教育者らしい教育者の一生であったといえよう。しかし、ブーバーは彼の対話の哲学を、ただ単に教育面に適用しようと試みたのではなく、むしろそれが教育の本質構造を示すものであることを、彼の教育的実践を通して証ししようとしたのである。このことはブーバーが「われ―なんじ」の対話的関係の実現のために、いかに教育に期するところが大であったかということをみても明らかであろう。

ブーバーは教育に関して決して多くの著作や論文を残してはいないが、とくに主要なものとして次の三点をあげうるであろう。『教育論』(Über das Erzieherische, 1925)、『教養と世界観』(Bildung und Weltanschauung, 1935)、および『性格教育論』(Über Charaktererziehung, 1939)である。これらのうち、最初の『教育論』は一九二五年ハイデルベルクで開かれた第三回国際教育学会で発表された主題講演である。また、『教養と世界観』は一九三五年フランクフルト・アム・マインの「自由ユダヤ学園」で行なった講演であって、ヒットラーのユダヤ人政策に対して断固たる態度をとるために、ユダヤ系青年に与えたものである。最後の『性格教育論』は一九三九年パレスチナのユダヤ人教師のためにテル・アヴィヴで行なった講演である。これらは、いずれもブーバーの著作活動の初期から中期にわたるものであるが、教育の問題に対して深い示唆と新しい方向を与えるものである。とりわけ、彼の教育思想ははやくから英国においてリードやクラークなどに影響を与えている。(4) 彼らは進歩主義的と保守主義的とそれぞれ立場が異なるにもかかわらず、ブーバーの思想を彼らの教育理論の基礎として取り入れているのである。また、近年のドイツの教育学界においてもデルボラフやボルノウなどによって「出会い」の問題が取りあげられているのも、決してブーバーの思想と無縁であるとはいいえない。

さて、ブーバーの教育思想の中核となる概念は「包擁」(Umfassung) のそれであるといえよう。では、それはいかなる意味をもつのであろうか。ブーバーにとって、教育が勝義において「われ―なんじ」の関係にもとづくことはいうまでもない。教育者は被教育者がその最上の可能性を自ら実現すべく助けるために、彼を可能性と現実性とにおける特定の人格として考えなければならない。より正確にいえば、教育者は彼をただ単に個性を伸ばすものとか、努力するものとか、あるいは自制するものとかなどの総体として知るべきではなく、むしろ全体存在として認め、この全体性のなかで彼を肯定しなければならない。けだし、このことは教育者が被教育者に「われ―なんじ」の関係の相手として出会うときにのみ可能となるのである。しかも、教育者の被教育者に対する影響が統一的に有意義なものとなるためには、彼は上述の状況を彼自身の目的からではなく、その相手である被教育者の目的から、あらゆる機会を通して繰り返し体験しなければならない。しかし、ここに注意すべきことは、彼ら両者の関係は友情の場合のようにまったく相互的ではなく、一方的であるということである。なぜなら、ブーバーにとって、教育とは人間が世界からあるものを選択し、それを実現する力を与えることであるが、この選択は教育者によってなされる以上、被教育者と教育者とは同一の立場に立ちえないからである。もしそれが同一の立場でなされるとすれば、教育関係はもはや存続しえないであろう。ここに教育関係における他者実現の方法として「包擁」の概念が問題となるのである。

ブーバーはこの「包擁」の概念を説明するにあたり、まずそれを「感情移入」の概念と区別することから始めている。「感情移入」とは、どちらかといえば、自己の感情をもって、いかなるものであれその対象の物的構造のなかにすべりこみ、いわばそれをその内部からたどり、その対象の構成や内的動きを自己の身体的感覚で理解することである。すなわち、自らを彼方へ、またそのなかへ移しかえることである。それゆえに、それは自己の具体性の排除、生の現状の消滅、人間が参与する現実の純粋審美性への解消を意味する。これと対立するものが「包擁」である。それは感情移入と反対に、自己の具体性の拡大、生の現状の充足、人間が参与する現実のまったき現前を意味しているのである。この包擁を構成する要素は、第一に二人の人格相互の間の関係であり、第二に彼ら両者によって共通に経験され、少なくともその一方が能動的に参加する出来事であり、第三に彼らの一方が自己の活動の現実感を失うことなしに、同時に他者の立場から共通の出来事を生きるという事実から成り立っている。したがって、この「包擁」は真の意味における対話的関係であり、それを成就するものは相互の「信頼」であるといわなければならない。ところで、この「包擁」関係は、ただ単に教育関係にのみ限定されるものではない。それはさらに「議論」や「友情」のなかにも見いだされるであろう。しかし、「教育的包擁」は「議論」がただ単に知的包擁関係であるのに対して、人格と人格との具体的包擁関係であり、また「友情」が平等な相互関係にもとづくのに対して、教育者から被教育者への一方的関係である点において、これら両者とは本質的に異なるのである。しかし、ここに必ずしも問題がないわけではない。なぜなら、もし教育者が被教育者の真実の立場を考慮することなく、彼自身の独断的立場から「包擁」が行なわれるならば、教育は気まぐれな専横に陥る危険性をもっているからである。それゆえに、教育者は被教育者の他者性を通して彼自らの限界性を自覚すべきである。また、それとともに教育者は被教育者への関係を通して、かえって彼自ら教育されるという恩恵を受け取るのである。

以上のようなブーバーの教育的立場は、従来のいわゆる旧、新の教育学に対して、第三の新しい立場を示すものといえよう。伝統的権威にもとづく旧教育も、自由を標榜する新教育も、教育の半面をみるのみであって、真にそれを全体的に把握するものではない。旧教育から新教育への移行は、伝統を受けいれる「じょうご」としての教育から、自己の力を汲み出す「ポンプ」としての教育への変化にすぎない。旧教育が自由と自発性との必要性を十分に理解しないと同様に、新教育もまた自由の意味を正しく理解するものではない。真の自由とは強制の反対ではなく、「出会い」への自由である。被教育者が自由であることによって、「なんじ」としての教師や教材に出会い、またそれを通して、伝統的価値が生きたものとして現前化されるのである。ここに対話としての教育の真の意味が存するであろう。しかし、教育の目的を「紳士」とか「市民」とかの特定の理想的人間像の形式に限定することは、教育の事態を誤解するものである。なぜなら、それはいわば「文化」の形成であって、もしそれが現実的妥当性を喪失して消え去るとするならば、いったいいかなるものがそこに残されるであろうか。そこに残されるものは、ただ「神の似姿」

としての人間像以外の何ものでもないのである。教育者の仕事は、個々の人間を神の面前に導くことでなければならない。

ところで、ブーバーにとって真にその名に値する教育とは本質的に「性格教育」(Charakter-erziehung) であるといわれる。一般に、教育者が関心を抱く全体的人間は、独自の具体的存在としての人格として捕えるか、あるいはこの個人の人柄とその行為や態度の結果とを結ぶ性格として捕えるかそのいずれかである。しかし、これら両者の間には根本的な差異があるのである。人格は本質的に教育者の影響外にあって育つものであるが、性格の陶冶は教育者の重要な仕事である。人格は完成であり、性格は課題である。人格はその育成を助長することのみが許されているが、性格は教育によって陶冶されなければならないし、またなしうるのである。しかし、性格教育は他の教科の教育に比してきわめて困難であることはいうまでもない。その主要な原因は、一面、性格教育に対する被教育者の反抗心にもとづき、その結果かえって最悪の事態をもたらす場合が多いのである。したがって、ブーバーは性格教育を成功に導く教育者の側の条件として、次の三つをあげている。㈠は教育者は被教育者に対する無限の影響力のうちの一つにすぎないと考える「謙虚さ」。㈡は教育者はそれら多くの影響力のなかにあって被教育者の全人格に働きかけようと欲する唯一の存在であるという「自覚」、したがってまたそこからくる教育的責任感。㈢

は教育者が被教育者に接近するただ一つの通路としての「信頼」。この信頼は不信に満ちた現実世界に恐怖失望する青年にとって、人間の真理、人間存在の真理が存在するという捕われない見通しを与えるものである。被教育者の信頼がえられるとき、その頑固な反抗心は消滅し、教育者は人格として受け入れられるのである。

さて、教育者の究極的目的は「偉大な性格」の形成にあるといわなければならない。真の「偉大な性格」とは、ケルシェンシュタイナーの格言の積み重ねによる克己の組織でも、またデューイの習慣の組織でもなく、彼にいどむそれぞれの状況の特殊性に応じて、その全存在をもって積極的に人格として反応するところのものを指していうのである。このような「偉大な性格」像をもって、教育者は被教育者のなかに、自己の生をその双肩に担う勇気を呼び起こし、彼が出会うすべての出来事に対して責任を取り、恣意的自由に押し流されることなく、鍛練と規律が自己責任への第一歩であることを、自覚するよう教えることができる。また、彼はこの「偉大な性格」は完全なものとして生ずるのではなく、それが一連の行為や態度として表現される以前に、まず全体的統一として、つまり人格的統一、あるいは生的統一として成熟すべきことを示すことができる。しかし、このことは個人主義への帰還を意味するのではなく、個人主義と全体主義とを越えて、真の人類の共同体への道を示すものである。なぜなら、人間と人間とのもっとも完全な関係は統一的、応答的人格存在の間においてのみ可能であるからである。真の性格教育は共同体への真の教育であるといわなければならない。

ブーバーは以上のような「偉大な性格」の教育をパレスチナの成人教育に適用し、多大の成果をあげたといわれている。彼は成人教育を大学の職業教育の延長とは考えず、ある特定の歴史的状況の要求にもとづく特定の人間類型の形成と考えている。今日のイスラエルの要求は、それぞれ異なった歴史的背景と文化的水準をもつ雑多な移住民を一つの統一的国民として統合することにあるのである。すでに述べたように、ブーバーはこの要求に応じて、これら移住民を指導する教師の養成を目的とする成人教育の機関をつくり、それを指導してきたのである。ここでは「われ—なんじ」の対話が完全に実現されるような教育が行なわれたといわれている。

次に、ブーバーの精神療法に関する見解を述べよう。ブーバーは決して厳密な意味での精神病理学者ではない。しかし、教育の場合と同様に、精神療法も相互に向かい合って生きる存在にのみ可能であり、分離するものには不可能であるかぎり、その根底にあるものは「われ—なんじ」の哲学であるといっても過言ではない。すでに言及したように、ブーバーは学生時代から精神病理学や心理療法に対して異常な興味をもっていたようである。彼はこれらの科目について三学期にわたって聴講している。最初の一学期はライプチヒでヴントの下で、また後の二学期はベルリンでそれぞれマンデル、およびブロイラーの下で学んでいる。このころの彼は経験の浅い青年であったにもかかわらず、とくに精神的に不安定な状態の人間と知り合い、正常な人間との間に真の関係性を確立することを深く望んでいたのである。また、彼は「ハシディズム」の「ツァディーク」と「ハシディーム」との関係のなかに、心理療法における医師と患者との関係のようなものを見とっていたようである。ところで、ブーバーがこの領域の問題に関して直接的に論じたものとして次の二つの小論をあげることができる。その一つはブーバーやユングの影響をうけた心理学者トルューブの遺稿「出会いによる治療」(H. Trüb, Heilung aus der Begegnung. Eine Auseinandersetzung mit der Psychologie C. G. Jungs, 1952) の序文として書いたものであり、他は一九五七年の春二度目の訪米の際、ワシントンの「精神病理学院」(School for Psychiatry) で「罪科と罪科感情」(Guilt and Guilt-Feelings; Schuld und Schuldgefühle, 1958) という題目の下に行なった講演である。

さて、「われ—なんじ」の関係の心理学的意義は、ブーバーと独立に、すでにエーブナーによっても認められている。彼によれば、精神症状は「われの孤独」(Icheinsamkeit)、「なんじの喪失」(Dulosigkeit) の直接的結果であると考えられている。ブーバーもまたこれと同様な思想を『われとなんじ』のなかで表明している。「もし人間が関係のアプリオリの真なることをこの世界で確かめず、生具的なんじを出会うものに実現達成しないならば、それは深く内攻してゆくであろう。それは不自然な考えられぬ対象としての〈われ〉へと発展する」(Ich, S. 63)。その結果、向かい合う存在が内在化されるのであるが、それは関係でも、現在でも、動的な相互作用でもなく、まさに自己矛盾というべきものである。人間はこのうり二つの相似た亡霊の恐ろしさからのがれるために、これをある種の関係、いわば宗教関係のようなものとして説明しようとする。しかし、人間はその説明が虚偽であることを再三再四、思い知らされるであろう。ここにあるものはただ生命の周辺のみである。ここでは実現されていない生命が、実現されているかのようなばかげた見せかけの世界に逃避しているのである。それは迷路をあちこちと手探りし、ますます深く迷い込んでゆくのである。

以上のようなブーバーの見解を最初に心理療法や医学の領域に取り入れたのは、彼の Die Kreatur 誌の同人の一人であった著名な精神病理学者フォン・ヴァイツゼッカーである。彼は「われ—なんじ」の哲学が心理療法や医学一般に対してもつ重要な意義を認め、それにもとづく「医学的人間学」の提唱を試みている。患者は、医師と同様に、絶対に対象化されえない主体である。したがって、医師と患者との真の交わりの関係を通してのみ、客観的な医学の知識が患者の治療に有効な働きをもつと考えている。彼以外にも、今日多くの精神病理学者や精神分析学者もブーバーの「われ―なんじ」の哲学が人間関係の理解に重要な意義をもつことを認めている。とりわけ、精神病理学者ビンスヴァンガーは、一面、ハイデッガーの現存在の分析に依存しながらも、ブーバーの出会いの概念にもとづいて彼の心理学の再建を試み、また精神分析学者ソボロヴィッツはブーバーとユングを比較し、これら両者の総合を示唆している（もっとも、このような総合が可能かどうか問題が残るであろう）。その他、患者を中心とする非指示的分析方法を主張するロジャーズの立場もブーバーの思想を全面的に受容するものといっても過言ではない(5)。

しかし、ブーバーの立場は従来の精神分析のそれと多くの共通性をもつとしても、必ずしも本質的に一致するものではない。いまここにその二、三の異同について考えてみよう。一般に、フロイト派の精神分析によれば、人間の精神はエスと自我と超自我とから構成されると考えられている。エスは人間の潜在意識（下意識）を指し、その働きは快楽原理に従って自己の本能的欲求としてのリビドー（性欲）を充足するところにある。また、超自我とは、エスの欲求を自我の現実原理に適合するよう抑圧、監視する理想我、あるいは良心を指していうのである。ところで、このようにして抑圧された欲求は結合して複合体となり、無意識的に人間の思考や行動に影響を与えるようになる。それが抑圧に打ちかって意識のなかにはいり込む時、ここにいわゆる神経症の症状があらわれる。それゆえ、神経症の治療にはこの複合体を発見し、それを再構成すること、すなわち、無意識を意識の面にひき出すことが必要であると考えるのである。さらに、フロイトはこの理論を芸術・宗教・道徳などの諸領域に適用し、それらをリビドーの昇華として説明したのである。その後、いわゆる新フロイト主義者の間で、フロイトの生物学的リビドーの解釈に対して異なった見解が出されたことは周知のとおりであるが、潜在意識における心理過程を前提とする点では彼の立場を継承するものといえよう。

以上のように、精神分析が潜在意識におけるリビドーを抑圧するのではなく、かえってそれを昇華して創造的力に転じようとすることは、「悪しき衝動」を神の奉仕へと転じようとするブーバーの転向の思想とまったく一致するものである。この思想は、すでに述べたように、「ハシディズム」から継承したものであるが、彼自らも、「救助者としての悪しき衝動」や「性の昇華」の思想をもって「バール・シェム」の本来的な教えであることを指摘している (vgl., Die Erzählungen der Chassidim, S. 43)。

しかし、同じく「昇華」といっても、フロイトやユングとブーバーの間には内容的にみて根本的な相違点のあることに注意しなければならない。すなわち、精神分析において「昇華」は自己の内部に生じるまったく独語的な出来事であるのに対して、ブーバーにとってそれは「われ」と

「なんじ」の出会いによって生じる対話的な出来事であるのである。

また、精神分析もブーバーも人間を外的生活の問題性から内的生活のそれへと向かわしめ、自己自身の問題の解決から始めることの必要を説く点において共通の立場に立つものといえよう。しかし、精神分析がそれぞれの学派にしたがって個人の心理過程の客観的分析から出発するのに対して、ブーバーは全体的人間の把握から出発するのである。人間の心的部分や心的過程を別々にひき出すことは、かえって人間の全体的把握を妨害するであろう。全体を全体として理解することのみが、病める人間を真の治療と正しい人間関係へと導くのである。人間の心的現象は対象的に観察されるべきものではなく、生の全体的関連性において捕えられなければならない。言いかえれば、援助者は自分の考えで相手の心を読み込むことなく、むしろ相手をして彼を通して自らの本質を発見せしめ、自らをそれに自己の生的統一の中核として適合せしめるべきである。このような方法は「精神分析」というよりは、むしろ「精神総合」というべきであろう。以上のようなブーバーの立場は、従来の心理療法に精神的なものを導入しようとする、精神病理学者であるとともに、ユダヤ教のラビであるフランクルの実存分析の立場と一面の共通性をもつと考えられる。(6) しかし、フランクルの学的立場が多くマックス・シェーラーに依存するかぎり、ブーバーの対話的立場と出発点において異なるものといわなければならない。

終わりに、罪科の問題について簡単に言及しよう。一般に、精神分析の立場によれば、罪科とは自我と超自我との間に起こる緊張の心理的結果であると考えられる。しかし、罪科をこのように心理的現象とみることは十分ではない。真の罪科は、それと反対に、人間と人間との間に起こる存在的事柄であり、罪科の感情はその主観的、心理的面を指していうにほかならない。同様に、欲求の抑圧とその結果生じる神経症もただ単に心理的現象ではなく、人間と人間との間の出来事というべきであろう。

六　芸　術

以上のほかに、ブーバーは文学や芸術論の方面にも非凡な才能を発揮している。彼はしばしば好んでゲーテ、ドストエフスキー、カフカその他の作家などについて論じたのみでなく、彼自ら、すでに言及したように、ナポレオン戦争を背景として二人の「ツァディーク」の生活を描いた歴史小説「ゴグとマゴグ」(Gog und Magog, Heb. 1943; Eng. 1945; Deut., 1949) を書き、また一九六二年には神秘劇「エリヤ」(Elija, 1963) を物している。これらはいずれも文学的表現のみでなく、その内面的深さのゆえに高く評価されている。

また、ブーバーは以上のような文学に対する興味とともに、芸術の問題に対してもつよい関心を示している。彼は青年時代から芸術についての二、三の小論を発表してきたが、その主著『われとなんじ』のなかに、「対話」としての芸術という彼独自の思想を展開している。彼によれば、芸術の永遠の根源は、「かたち」が人間と向かい合い、彼を通して作品となることを望んでいるということにあるのである。この「かたち」は人間の心の所産ではなく、それに近づき、それから具現する力を要求するところのものである。それは経験することも記述することも許されない。ただ具現することができるのみである。ところで、この「かたち」は芸術家が自己に向かい合うものを観想することによって明らかとなり、彼はそれを作品に閉じ込めるのである。しかし、このようにして、「かたち」が具現されるやいなや、「それ」の世界に属するものとなって、経験や記述の対象となるのである。ただ識見ある観照者のみが、その具現された作品のなかに、その「かたち」と向かい合うことができるであろう。さらに、ブーバーは以上のような芸術思想を完成するものとして、『人間とその創作物』(Der Mensch und sein Gebild, 1955)という小論を発表している。これは人間の本質と芸術の本質との関係を考察し、人間存在の他者に対する関係性の上に創作活動を基礎づけようとする、ブーバーのいわゆる芸術の人間学ともいうべきものである。とくに、彼が、ここにおいて、感覚の出会い的性格を追求し、いかにその上に創作活動が成立するかということを明らかにした点は注目すべきであろう。まことに、芸術は単に客観の印象でも、また単に主観の表現でもなく、これら両者の「間」にあるものといわなければならない。

VI　信仰の二形態

――ユダヤ教とキリスト教――

一　聖書研究

　ブーバーの晩年はもっぱら聖書研究に捧げられている。このことは、彼がながい苦悩に満ちた思想的遍歴のあとに到達した終着駅が、けっきょく聖書（旧約）にほかならなかったことを意味するであろう。聖書こそ彼にとって真の魂の故郷であり、そこに永遠の憩いを見いだしたのである。しかし、彼の聖書に対する関心は、この時にはじまったのではなく、はやくから彼の心を捕えていたのである。すでに述べたように、ブーバーの聖書に関する最初の業績はローゼンツヴァイクとともに始めたヘブル聖書のドイツ語訳である。この翻訳はローゼンツヴァイクの死後も独力で続けられたのであるが、ヘブル原典の意味を忠実にドイツ語に生かすとともに、またドイツ語に新しく聖書的文体を導入するものとして、従来の聖書の翻訳に類をみない、非常にすぐれたものの一つであるといわれている。また、さらに、この聖書の翻訳とともに無視しえない他の重要な事柄は、その結果生みだされた聖書研究についての業績である。一般に、ブーバーの聖書解釈が、その鋭い内的インサイトのゆえに、多くの読者を魅する独自の風格をもっていることは、しばしば指摘されるとおりであろう。

ところで、ブーバーの聖書研究についての主要な著作として、次の諸書をあげることができる。『王としての神』(Königtum Gottes, 1932)、『預言者の信仰』(Der Glaube der Propheten, Heb., 1942; Eng., 1949; Deut., 1950)、『モーセ』(Moses, Heb., 1945; Eng., 1946; Deut., 1948)、『信仰の二形態』(Zwei Glaubensweisen, 1950)、『正と不正』(Recht und Unrecht. Deutung einiger Psalmen, Heb., 1950; Eng., 1952; Deut., 1952)。初めの三書はいずれもヘブル聖書の全体を通じて、その根底に脈々と流れる聖書的信仰の本質の究明を目指しているが、『預言者の信仰』においてそのもっとも端的な見解を見いだすことができる。また、『信仰の二形態』はブーバーのキリスト教、とくにパウロの思想に対するユダヤ教の立場からの根本的批判を含み、キリスト教側にとって、注目すべき著作であろう。最後に、『正と不正』は詩篇一二、一四、八二、七三、一〇五篇の解釈を通して悪の問題を追求しているが、『善と悪の様相』が主として悪の個人的起源の問題を取り扱ったのに対して、不正なるものが栄え、正なるものが苦しむ現実的矛盾の問題を主題としている。では、ブーバーは聖書に示されたヘブル的信仰の本質、またそれとキリスト教との関係をいかに考えていたのであろうか。

二　預言者の信仰

ブーバーは『預言者の信仰』の序文において、彼の聖書研究の方法を「科学的―直観的方法」として規定する。彼はいわゆる資料説に対して伝説説の立場をとるが、伝説のもつ社会的、文化的背景の科学的検討を許容しながらも、その根底にある具体的事実を直観的に捕えようとするのである。この方法によって明らかにされるものは、単に歴史的出来事の過程ではなく、ある特定の時代に、ある特定の民族において、信じるものと信じられたものとの間に起こった固有な関係である。このような関係はあらゆる時代を通じて一貫した共通の特色をもっているのである。このような方法論的観点に立って、ブーバーは客観的にもっとも古い文献と考えられる士師記五章のデボラの歌から始め、シケムの集会、シナイ山の契約、族長の物語へとさかのぼり、さらに下ってカナンの定住、預言者の運動に言及し、そのおのおのの時期におけるイスラエルの信仰が何であるかということを問題とするのである。これら具体的歴史的状況を通して示されたヘブル的信仰の本質は、いわば、「語りかける神のわれ」と「語りかけられるイスラエルのなんじ」との対話に存するということである (vgl. ibid., S. 83)。この神と人間との対話としてのヘブル的信仰は、フリードマンも指摘するように、「創造」「啓示」「救い」という聖書的な基本的テーマのなかにもっともよく見いだされるであろう。

さて、創造は「創造者と被造物との交わりである」(Ibid., S. 279) といわれるように、神と人間との対話性が神の創造の根源的事実に始まると考えられたことはすでに述べた通りである。ところで、ブーバーはこのような対話の神を「人格」(Person) として強調する。「言葉が彼に向かって、また彼によって語られるところのものが、勝義における人格である。言葉は彼によって人間の言葉で語られる前に、彼に向かって他の言葉で語りかけられる。彼はそれを人間の言葉に翻訳しなければならない。この言葉は彼に対して人格から人格へとして語りかけられる。神が人間に語りうるためには人格とならなければならない。しかし、人間に語りうるためには、神は人間をまた真の人格としなければならない。この人間の人格は言葉を聞くのみでなく、またそれに答えるのである」(Ibid., S. 236f.)。以上のことは神が人間の水準に引き下げられることではなく、かえって人間が神との応答的存在にまで高められることを意味するであろう。「……人間は神によって創造されたが、それ以来減少することなく残っている独立性が神によって与えられた。この独立性において、人間は神に向かい合って立つのである。それゆえ、人間は完全な自由と自発性をもって、存在の本質を形成する両者の対話に参与するのである。神の無限の力と知にもかかわらず、以上のようであるということが、まさに人間の創造の秘義をなすのである」(Eclipse, p. 138; Deut., S. 128)。

次に、神と人間との対話としての聖書的信仰をもっともよく現わすものとして、啓示の概念をあげることができる。神は世界を創造するとともに、また世界を通して語りかけ、自らをあらわすのである。しかし、この場合、神の語りかけは自然を通して示されるときと、歴史を通して示されるときと、それぞれ異なった形態をとる。すなわち、前者の場合、それは連続的、非人格的であり、人間はただそれを受けとるのみであるが、後者の場合、それは非連続的、人格的であり、人間は自己の自由性をもってその完成に協力するのである。ところで、ここに注目すべきことは、ブーバーがその啓示概念において、「われ」と「なんじ」の対話を神の現在性と結びつけて考えているという点である。ブーバーは『われとなんじ』において、啓示を特定の内容ではなく、むしろ「現在―力としての現在」を受けとることであると規定している(Ich., S. 96)。とくに、このことは「燃えるしば」のもとにおけるモーセと神との対話のなかによく示されていると考えている。すなわち、出エジプト記三・一三、一四において、モーセが神にその名前を尋ねたとき、(1)ヤァウェが答えた「わたしは、有って有る者」(Ehyeh asher ehyeh.)ということは、神が自らを存在者、あるいは永遠者、または不変者と名づけたと理解されるのが普通である。しかし、この「ハーヤー」という言葉はこのような純粋存在の意味を含むものではなく、むしろ生起・生成・現存、現在、またかくかくあることなどを意味し、決して抽象的意味における存在ではない。言いかえれば、ヤァウェの真の意味は、つねにいまここに臨在するものということである。この「燃えるしば」でのモーセの体験は、明らかに彼が出会ったこのような永遠の現在としての神と歴史にあらわれた伝統的神との一致の体験であったといえよう(Moses, S. 63f; Glaube, S. 47f. Königtum., S. 77f.)。

一般に、ヘブル聖書の擬人観は以上のような神と人間との出会いの具体的性格をもっともよく表わすものである。ヘブル聖書において、神は決して彼自身においてではなく、かえって人間との関係において表わされ、またその啓示は歴史的出来事の変化に伴って変化しているのである。預言者に例をとってみても、彼らの間の相違点は、けっきょく彼らの置かれた特殊の歴史的状況によって相違する神の要求を見いだしたことに由来する。彼らの預言は歴史的時の状況、およびそのなかにおける神の語りかけと結合しているのである。たとえ、その民が絶望的預言に接する場合でも、その絶望こそ彼らの心の内奥にふれ、彼らを救う神への転向をひき起こすのである。「イスラエルにおいて、すべて宗教は歴史である」といわれる理由もここに存するであろう。また、そこには、ギリシアや東洋や近世西洋におけるような意味での自然はなく、歴史によって刻印された自然が示されているのである（Moses, S. 94）。

さらに、神と人間との対話はメシアの概念において重要な意味をもっている。ブーバーはメシアの理念の展開を、「王としての神」から「受難の僕」に至るまで追求し、神と人間との対話的関係を明示している。周知のように、イスラエルの民は彼らの神を「王」（Melekh）として認め、自らもまたその神から選ばれた選民と考えていたのである。このような神の支配と秩序に基礎を置くものがシナイ山での契約である。それは単に法的な同意というようなものではなくヤァウェとイスラエルとの、自由な選択にもとづく相互性の表現であったとみるべきである。しかし、イスラエルが選ばれたのは、その課せられた使命を果たして「聖なる民」となるためである。この使命が果たされるまでに、神の選びはただ消極的に存在するにすぎない。したがって、イスラエルが「聖なる民」となるためには、その全存在をあげてヤァウェに自らを捧げる自発的行為が要求される。しかし、そこには一方神の意志に従う自由と、他方それを拒否する自由との矛盾が含まれているのである。事実、神と人間との対話の失敗は士師から王へ、さらに王から預言者を経て、この失われた対話を回復し、それを正す新しい指導者の概念の導入となったのである。しかし、真のメシア的指導者の到来に対する信仰とは、本質的には、人間が全存在をもって、神の言に答える言葉を語りうるようになるという信仰にほかならない。以上、聖書に示された「創造」「啓示」「救い」は人間の日常的出来事における神との出会いを通して経験する事柄である。「創造」は人間存在の根拠についての自覚、「啓示」は神の臨在の確証、また「救い」は暗黒のときにさし出される神の救いのみ手を意味するであろう。

しかし、以上のようなブーバーの聖書解釈に対して、彼の対話の哲学の観点を聖書に読みこむものとみるべきではない。むしろ、それは彼が聖書の翻訳のために、多年にわたって沈潜した聖書研究の必然的帰結であったのである。彼の初期の著作『われとなんじ』において人間存在の基本的事実として取りあげられた対話的関係性こそ、実は聖書的信仰の基本的事実であることが確認されたにすぎない。しかし、ここでは、神は人間の「われ」に対する「永遠のなんじ」ではなく、その反対に人間に語りかける「われ」であり、人間は神から語りかけられる「なんじ」として示されている。この意味において、聖書は絶対無謬の神の言の記録でもなければ、また単にイスラエルの民の宗教的文学でもない。それは世界の創造者である神と信仰の民としてのイスラエルとの出会いの絶え間ない証しである。聖書は本質的に神的であるとともに、人間的であるというべきであろう。

三　イエスとパウロ

次に、ブーバーのキリスト教に対する態度について考察しよう。周知のように、キリスト教はユダヤ教から発出した宗教でありながら、これら両者の間に対話が失われてきたことは、相互にとってまことに不幸であったといわなければならない。もっとも、反ユダヤ主義(2)の運動はキリスト教に始まるものではないが、とくにキリスト教会の設立以来、これら両者は互いに背を向け、醜い対立と不和が多年にわたって続けられてきたのである。近世以降のユダヤ人側の同化政策にもかかわらず、ユダヤ教徒に対する偏見と憎悪は、今日に至るまで、とうていぬぐい去ることのできないほど根強く残っているのである。このような状況の下にあって、真のユダヤ精神の本質が何であるか、キリスト教社会に理解を求めようとする運動が、ユダヤ人識者の間に促進されたとしても決して怪しむに足りない。このような運動の代弁者として、フランツ・ローゼンツヴァイクや、レオ・ベックなどの著名なユダヤ系学者があげられるが、ブーバーもその一人に加えうるであろう。とりわけ、ブーバーが試みようとしたことはユダヤ教をその歴史的枠から解放し、重要でない不必要な要素を取り除き、現代の西欧キリスト教社会に通用する言葉でその再建をはかることであった。このようなブーバーなどの努力がいかに有効なものであったか、一九六五年のヴァチカン公会議において表明された、ユダヤ人に対するカトリック側の寛容な態度のなかにも明らかに見いだされるであろう。

では、ブーバーはキリスト教についていかに考えていたのであろうか。まず、彼の初期の思想的段階においては、キリスト教に対してかなり批判的であったように思われる。ブーバーは一九一三年出版された『ユダヤ精神論』(Reden über das Judentum) のなかの「ユダヤ精神の革新」という小論において、キリスト教に同情をもつように勧めたある人に対して、次のように答えている。「……キリスト教における創造的要素はキリスト教ではなく、ユダヤ教である。それゆえに、キリスト教に同情する必要はない。われわれがなすべきことは、その創造的要素をわれわれのうちに認め、そして所有するということである。なぜなら、われわれはそれを、失いえぬものとして、われわれのうちに持ち運んでいるからである。しかるに、キリスト教においてユダヤ的でない要素は、非創造的であり、無数の儀式や教義の混合から成りたっている。それゆえ、ユダヤ人として、また人間としていうならば、キリスト教に同情しようと思わない」(Jude, S. 38f)。ユダヤ教が形式的律法に硬化しようとする傾向に対する反抗が、とくにエッセネ派の間に起こったように、伝統の本質のより深い、より精神的な理解へと導いたのである。このような孤立した団体に起こった運動が、民衆の間に高まり、今日不当にもあやまって原始キリスト教と呼ばれる精神的革命に火をつけたのである。それは、歴史的意味においてではないが、より当然のこととして、原始ユダヤ教（Ur-Judentum）と呼びうるであろう。なぜなら、それは今日キリスト教と呼ばれているものよりも、ユダヤ教と、より一層近い関係にあるからである。以上のようなブーバーのキリスト教批判の根拠は、キリスト教が純粋にそれ自体となるためには、すなわち、自らを革新するためにはつねにユダヤ教に復帰しなければならないが、その逆は決して真でないということである。キリストの使信の生命力は、人間をつくりかえ、神の国へ高める絶対的決断を求める古いユダヤ的要求に存している。そして、それがつねにキリスト教を動かす生命力となったのである。もしキリスト教が自らを更新しようと欲するときは、つねにこの力に頼らなければならないのである。

キリスト教に対する以上のような態度は、その後もブーバーの思想を終始一貫して支配してきたように思われる。しかし、このことは彼が、他の多くのユダヤ人指導者の間にしばしばみうけられるように、キリスト教に対して最初から対立を示し、あるいは無関心を装おうとすることを意味するのではない。彼ほどキリスト教に対して深い関心を示し、またそれから多く学びとろうとしたユダヤ人はあまり例をみないであろう。このことは彼がイエスに対して示したふかい親近感と尊敬をみても明白である。ブーバーはその著『われとなんじ』において、ソクラテスが人間に対し、またゲーテが自然に対して「われ―なんじ」の関係を実現した第一人者であるように、イエスは神に対して「われ―なんじ」の関係を実現した第一人者であると述べている (vgl. Ich, S. 60)。また『信仰の二形態』においては、次のように言っている。「新約聖書はほぼ五十年このかた、自分の研究の主要な対象であった。そして、自分はそこにいわれていることに偏見なく耳を傾けるよい読者であったと思う。自分は青年のときから、イエスを自分の偉大な兄弟として見いだしたのである。キリスト教がイエスを神であり、救い主であると見てきたこと、また見ていることは、イエスのためのみでなく、自分自身のためにも努力して理解すべき、もっとも真摯な事柄であるといつも思われたのである。……イエスに対する自分自身の同胞としての腹蔵のない関係が、ますます強く、ますます純粋となり、そして、今日、イエスをいつもよりいっそう強く、いっそう純粋なまなざしで見るのである。イスラエルの信仰史のなかで偉大な地位がイエスに属していること、またこの地位がいかなる一般のカテゴリーによっても解釈しえないことを今まで以上に確信している」(Zwei, S. 11)。そのほかにも、ブーバーは彼自身もっとも多く影響をうけたキリスト教神学者として、とくにブルトマン、シュヴァイツァー、オットー、ラガーツなどの名をあげ、深い感謝の意を表している。以上のようなブーバーのキリスト教に対する好意的態度にもかかわらず、心からそれを受容しえなかった理由はいずこにあったのであろうか。

さて、ブーバーのキリスト教に対する関心は、イエスおよびパウロの研究である『信仰の二形態』においてその極に達している。すでに言及したように、この書はユダヤ教とキリスト教との関係に対するブーバーの見解を知るうえに重要な意味をもっている。ブーバーによれば、信仰はさまざまな内容をもつとしても、究極的には二つの基本的形態に帰せられるのである。この両者は人間の日常生活の単純な事実から理解されうるであろう。すなわち、第一は、その根拠を十分に論証しうることなく、ある人を信ずる場合であり、第二は、同様にその根拠を十分に論証しえないとしても、その事柄を真理と認めて信ずる場合である。このいずれの場合も、論証しえないということは、自己の思惟能力の不足が問題ではなく、自己の信頼するもの、あるいは真理と承認するものに対する関係の特殊性が問題となっているのである。この関係は「根拠」から出てくるものではなく、またその上にうち立てられるようなものでもない。もちろん、たとえ信仰への根拠が主張されるとしても、それらは信仰を決して十分に説明しつくし得るものではない。ところで、前者の信頼関係は、自己の全存在と自己が信ずるものとの間の契約にもとづき、後者の承認関係は、自己が真理と認めるものをその全存在によって受けいれる行為にもとづくものである。ブーバーはこれら二つの信仰形態を、それぞれEmunahとしての信仰と、Pistisとしての信仰と規定し、前者が聖書的ユダヤ教、およびイエスの教えと一致するのに対して、後者はギリシア思想、およびパウロ主義と一致すると考えている。上述のように、Emunahとしての信仰は、二つの存在の真の関係領域に成立し、「誠実」と「信頼」の両面を含んでいる。したがって、それは単に心の状態を指すものではなく、人間の全存在にかかわる実存的なるものといえよう。これに対して、Pistisとしての信仰は、ある事柄が真理であるということを受け入れる、いわば命題の真理への信仰を意味するのである。ちょうど全存在の転向を指示するTeshuvahがギリシア人によって、単に心の悔い改めを意味するMetanoiaという語に翻訳されたように、神との根源的関係から生ずるEmunahが、命題の真理への信であるPistisへと転じられたのである。

ところで、イエスは、彼自身のメシア意識の問題はともかくとして、共観福音書からみるかぎり、弟子たちに「キリスト」(救い主)を信ぜよとは要求しなかった。彼が説いたのはギリシア的Pistisではなく、ユダヤ的Emunahであった。イエスの神の命令の実現に対する態度は、その終末的性格を除いては、ほとんどユダヤ的立場と異なるものではない。両者とも人間の心は本性的に方向を喪失していること、また神に向かう以外に真の方向のないという点において一致している。彼らは、また、神が人間に律法《トーラー》を与えたのは、その心を神に向けることを教える導きとしてであるという共通の信念をもっている。律法《トーラー》は人間の神に対する現実的関係から離れた客観的法律のようなものではない。律法《トーラー》は、それを与える神との関係において、また神のために受け入れる者の上にのみ、生命を与えるのである。しかるに、パウロとヨハネは、その反対に、「キリスト」への信仰を救いへの唯一の入口としたのである。このことは神の契約、神の支配の本質であった神と人間との間の直接性を排除することを意味する。パウロは、イエスと反対に、律法《トーラー》の実現が不可能であるという信念にもとづいて、信仰と行為の二元論をうちたてたのである。彼がここで考えている律法とはギリシア的客観性の概念に由来する外的な律法であって、導きとしての律法《トーラー》というユダヤ的理解からはまったく異質的なものといわなければならない。この外的律法がすべての人間を神の前に罪人とするのであって、人間がこの窮地から救われるのはただ「キリスト」への信仰によってのみ可能であると考えたのである。しかし、この信仰は本質的に知識内容をともなったギリシア的 Pistis とみるべきであろう。さらに、また、神と人間との間の直接性を破壊するものは、パウロの、神の怒りと神の恵みとを二つの異なった力に分離しようとする強い傾向性である。彼はこの世界を、キリストの十字架と復活が恵みと救いをもたらすまで、審判の力にひき渡されているとみ、また人間を本質的に罪なるものであり、キリストの到来までは神の赦しをうけえないと考えている。人間を、神の怒りに値する罪人とするのは神であるが、その神が救いの働きにおいてはまったくキリストの背後に消え去っているといわなければならない。しかるに、ブーバーにとって、人間は神との直接的関係性において、神の怒りと恵みを一つとして体験するのである。いかなる主張もこれら一方を他方からひき離し、また神を、仲保者を必要とする怒りの神となすことはできない。この点に関連して、ブーバーは現代のパウロ主義者ともいうべき神学者ブルンナーと、償いのないパウロ主義者ともいうべきユダヤ人作家カフカとを比較している。カフカは神が隠れていることを知っているが、このことが神と人間との間の直接的関係性を少しも減少するものでないことをもまた知っている。この直接性において、神は救い主としてとどまり、存在の矛盾は神の出現となるのである。以上のように、ユダヤ教の信仰とキリスト教の信仰は、神の国の到来まで分かれたままにとどまるであろう。しかし、「個人の生まれ変わりによって信仰の革新を求めているイスラエルと、国民の生まれ変わりによって信仰の革新を求めているキリスト教とは、相互に言うべくして言われざるもの、および今日ほとんど想像しえぬ相互に果たすべき助けをもっているであろう」(Ibid., S. 178) ことを、ブーバーは確信してやまないのである。

四　キリスト教との対話

以上のようなブーバーのキリスト教批判に対して、キリスト教の側からも多くの反論がなされるであろう(3)。ダイアモンドによれば、ブーバーのパウロ批判は学問的に十分な根拠にもとづいて主張されたとしても、きわめて一方的であることを免れない。パウロの思想にはギリシア化された面があるとともに、またその半面、ギリシア的二元論と戦うヘブル的側面のあることを忘れてはならない。しかるに、この点はブーバーのまったく無視するところであったといわなければならない。たとえば、パウロは罪の衝動を、二元論者のように、身体と同一視するのではなく、人間を神からひき離す極端な自己義認を意味する「肉」と同一視しているのである。このことはヘブル聖書の罪の理解と決して異質的ではない。また、パウロの救済観についても、神の救いの恩恵が決して人間の行為を無にするものでない（ピリピ二・一二、一三）と考えられたことは、ブーバーのユダヤ教の立場と決して分離するものではない。さらに、ブーバーのイエスの解釈は、彼のヘブル聖書の解釈がそうであったように、まったく選択的であるといわなければならない。彼は悔い改めをとくにイエスの教説に焦点を向けているが、同時にイエスは救いを全うする人間の行為に対して絶望的であり（ルカ一七・三三）、この点パウロもイエスに従うものとみるべきであろう。このように、ブーバーが指摘する以上に、パウロはイエスにより親近的であることを無視しえないのである。

そのほか、カトリック系の神学者バルタザールもキリスト教の立場から、『信仰の二形態』に現われたブーバーの思想を検討している。とくに彼は、ブーバーのカバラ的な神の臨在（Shekhinah）の思想と神と人間との間に原距離をおく立場と本質的に矛盾することを指摘し、この問題はただ神の受肉（incarnatio）としての「キリスト」への信仰を離れては解決の道のないことを明らかにしている。これらのほかにも、他の多くの点について、キリスト教の立場から、ブーバーのキリスト教批判を取りあげることができるであろう。しかし、この問題についての詳細な議論は他の機会にゆずらなければならない。

以上のように、ユダヤ教とキリスト教との根本的差異はイエスに対する両者の態度に依存するのである。キリスト教はイエスにおいて神の受肉の秘義をみるのであるが、ユダヤ人ブーバーはそのなかに弟子たちによる神化の過程をみるのである。キリスト教はイエスをメシアであると宣言することによって、救いがすでに到来していることを確信するのに対して、ブーバーは神の救いの力はあらゆる場所、あらゆる時に働くとしても、救いはまだ到来していないという基本的なヘブル的信念を主張するのである。しかしこれらユダヤ教とキリスト教との根本的差異にもかかわらず、ブーバーの「われ―なんじ」の対話の思想は、ユダヤ教にもキリスト教にも共通な信仰の本質問題として、エーブナーのそれとともに、現代のキリスト教神学思想や、また、アカデミー運動のようなキリスト教的実践運動の上にも、多大の影響を与えてきたのである。では、ブーバーの思想は、今日のキリスト教に対して、いかなる意味をもつのであろうか。

この点に関して、プロテスタント神学の立場から、ブーバーに対して同情的な見解を示したものが神学者ティリッヒであった。(4) ティリッヒはブーバーから多く学んだといわれるが、ブーバーの思想がプロテスタント神学に対してもつ意義を次の三点にわたって論じている。第一の点は、預言者的宗教の実存的解釈ということである。元来、プロテスタント自由神学は、理神論の勃興以来、近代科学によって解釈された世界と聖書的神観との調和をはかることに努力してきた。その結果、聖書の神は近代技術文明の「それ」の世界へ適応されるに至ったのである。このことは人間や社会についても同様であった。神は一般の科学的方法によって接近しうるもの、また、宗教は人間の道徳性を高めるもの、さらに歴史の意味は平和と正義の支配する理想社会の漸進的実現にある、などと考えたのである。しかし、すべてこれらの思想は、ブーバーのいわゆる「われ―それ」の世界にとどまるものといわなければならない。自由神学もこのような状態が宗教や文化にとって危機であることを認め、「それ」の世界を超克しようと努力したのであるが、「それ」の世界をその前提として受け入れた以上、それはまったく不可能なことである。ブーバーの「われ—なんじ」の哲学は、以上のような自由神学の問題の中心点を明白にし、現代文化の「われ—それ」の世界の優位性を「われ—なんじ」の世界へと逆転することによって、キールケゴールやその他の実存主義哲学者と同様に、宗教の実存的理解への新たな道を開いたのである。しかし、このことはブーバーの立場が正統派神学へ復帰するということを意味するのではない。正統派神学も、また、その教義や典礼によって、「永遠のなんじ」である神を「それ」の世界に閉じ込めている。ブーバーの「われ—なんじ」の哲学は自由神学と正統派神学の両者へ挑戦し、それらを越える第三の方向を指示するのである。

第二の点は、ブーバーが神秘主義を預言者的宗教の一要素として再発見したことである。一般に、カトリック教会は、その性質上、神秘主義的伝統をその内部に包みうるし、また、事実、その初期の時代から今日まで内含してきたのであるが、プロテスタントは、ユダヤ教と同様に、神秘主義に対してあいまいな関係をもっている。両者とも預言者的、人格主義的宗教に属し、その全歴史を通じて呪術・典礼主義、および脱我的エクスタシーなどと戦ってきたのである。しかし、その半面、直接的な神の臨在、神との合一というような神秘主義的要素をもたない宗教は生きた宗教とはいえない。もちろん、このような神秘的体験の片鱗の多くがユダヤ教やプロテスタントの歴史のなかに見いだされるとしても、それらは決してその全部ではない。とくに、十九世紀のプロテスタンティズムはつよい反神秘主義的感情を示してきたのである。カント＝リッチュル主義の神学によれば、神秘主義は真正のプロテスタンティズムに対する最大の敵であり、敬虔主義といえどもカトリック教会の遺物であると考えられたのである。キリスト教の使信はすべて道徳的規準によってはかられ、人間の自然性は冷静な理性的抑制の要求に適応させられたのである。しかし、二十世紀にはいって、オットーによる「聖なるもの」の再発見、ドストエフスキーや第一次大戦後のロシアからの亡命者などの仲介による東方教会の影響、東西の神秘主義に対する特別の関心、典礼主義の運動、形而上学的思惟やまたそれに応ずる芸術活動の新しい興起などは、プロテスタント神学をして神秘主義の問題をより真剣にとりあげ、従来と異なってより肯定的な態度をとらしめるに至ったのである。このような状況の下にあって、ブーバーの「ハシディズム」の解釈は、プロテスタント神学にとって非常に重要な価値をもつのである。なぜなら、それは神秘主義が預言者的宗教と矛盾しないばかりでなく、かえってそれを内面的に深化するものであるという可能性を示しているからである。ブーバーにとって、神秘主義とはこの世の聖化にあるのである。それはこの世をあるがままに是認することでも、またこの世を彼岸へ超越することでもなく、神的なるものを万物のなかにみるという意味における聖化である。このような態度は聖—俗の二元論を除去する。神秘主義と預言者的宗教とは決して相互に矛盾するものではない。ブーバーの思想と生活はそのよい証言であるといえよう。

第三は、ブーバーの預言者的宗教と文化、とりわけ社会的、政治的領域の文化との関係についての理解である。もしブーバーの神秘主義が預言者的伝統から彼を分離したとするならば、彼は宗教社会主義の運動に参加しなかったであろう。もちろん、彼はこの運動の積極的メンバーではなかったが、その友人であり、助言者であったのである。「われと永遠のなんじ」の宗教的出会いの、「われと人間のなんじ」の文化的出会いに対する関係についてのブーバーの考えは、プロテスタント神学の注目に値することである。一般に、今日のプロテスタント神学のもっとも困難な問題は、社会倫理（政治・国際関係・経済・教育などの問題も含めて）の問題である。カトリック教会は権威ある社会倫理の体系をもち、またユダヤ教も律法《トーラー》からそれを展開している。しかるに、プロテスタント教会はユダヤ教の意味における律法も、またカトリック的意味における倫理の体系ももたず、これら両者より信仰の精神面をよりつよく主張する。すなわち、それは愛の倫理を説き、人間関係の内的側面は愛の精神によって、また外的側面は国家権力によって統制されると信じている。国家の仕事は愛と対立するものではない。なぜなら、その剣は悪を滅ぼすことによって、究極的には神の国に奉仕するからである。それゆえ、宗教的領域から、国家が従うべき規準や教会が国家になすべき要請を導きだすことは不可能である。このことは国家を、神に対する究極的人間関係から、無関係なものとするのである。宗教社会主義者の直面した問題は、いかなる神学的根拠で、宗教は社会主義や他の具体的な政治的、社会的理念を支持しうるかということである。イエスを社会主義者に仕立てたり、また預言者的メッセージを経済的プログラムと混同したり、あるいは聖書から政治的行動の具体的原理をひき出すことは不可能である。したがって、宗教社会主義は、愛と正義の原理からみて、社会主義を後期産業社会の具体的要求であると強調するのである。しかし、これとても個人のキリスト者の判断による事柄であって、教会の教義とはなりえない。教会はその原理を宣言し、その立場から与えられた現実を批判すべきであるが、その原理の具体的適用について決定することはできない。このことは自発的な有志の団体の勇気や見通しや危険にゆだねられなければならない。

ところで、ブーバーにとって、具体的な文化的、社会的問題に対して許される唯一の態度は次のようなものであることが、彼の「われ―なんじ」の哲学からみて明白である。ブーバーは、他の宗教社会主義者と同様に、資本主義社会における人間疎外の問題に関してはマルキシズムの分析と批判に同調するが、その反面、人間社会を「われ―それ」の範疇において捕え、「なんじ」

の喪失をもたらす反宗教的要素は拒否するのである。ブーバーは、彼の前提からすれば、個人的「われ―なんじ」の関係から出発し、その関係を、その成員の間に共通な精神的基盤と真の「われ―なんじ」の関係が存する生ける共同体にまで拡大すべきであった。社会主義はまことにこのような共同体にあるのである。それは国家によってではなく、社会主義を彼ら自身のなかに実現し、彼らの個人的生活と共通の中心、すなわち、「永遠のなんじ」との関係においてそれに向かう小さい団体によってのみ生み出されるのである。共同体はメシア的範疇であり、社会主義はメシアの実現に向かう行為である。それは万人がそのために呼びかけられているメシア的活動である。以上のような宗教社会主義の純粋な精神的解釈は、初期のプロテスタントの社会倫理に対する精神的態度と一面共通点をもっている。それゆえ、プロテスタント神学の問題は、それが間違っているかどうかということではなく――もちろん、そうではない――十分であるかどうかという問題であるが、この点についてまったく不十分であるといわなければならない。というのは、それは国家や政治的権力をほとんど全部デーモン、すなわち、絶対化された「われ―それ」の関係にゆだねているからである。このような降服は正当ではない。国家といえども「われ―なんじ」の関係の可能性をもっているのである。もし被造物がすべて神のうちに包まれ、聖化されうるとするならば、このことを不可能と考える理由は存在しない。しかし、この点がブーバーが宗教的社会主義者と同調しえなかったところであり、彼がこの運動の周辺にとどまった理由もそこにあったのである。また、ブーバーが「シオニズム」運動との関係においても、つねに特殊の立場に置かれていたのも、以上と同様の理由によるからである。彼が「シオニズム」を肯定したのは、共同体をつくるメシア運動としてであって、国家をつくる政治運動としてではなかったのである。

ティリッヒは以上のほかにも、ブーバーのプロテスタント神学に与えた影響として、言葉、神話と象徴、芸術の意味などについての彼の思想をあげている。しかし、以上の三点をもっとも重要で包括的であると考えて、次のように結んでいる。「この三点はユダヤ教とキリスト教の相互関係、対話、〈われ―なんじ〉の出会いが、まだ終わっていないこと、また終わるべきでないことを示しているのである」。

むすび

以上ブーバーの主要な著作を中心として、彼の語ろうとするところを明らかにした。彼の関心は、宗教や哲学を初めとして、芸術・社会・教育・精神病理学など人間文化のあらゆる領域にわたって示されている。しかし、このことはブーバーが自己の博識を誇示せんがためではなく、むしろそれら全体を通じて、その根底に実在として働くものが、「われ―なんじ」の対話の原理であることをあかしするためであったのである。ブーバーの生活と思想は、「われ―なんじ」の対話に始まり、「われ―なんじ」の対話に終わるといっても過言ではない。では、このブーバーの「われ―なんじ」の思想は、それと類似の宗教や哲学思想の流れのなかで、いかに位置づけられるであろうか。

一般に、「われ―なんじ」の思想が、デカルトに始まる近世の自我哲学を克服する新たな方向を示すものとして、とくに第一次大戦後のヨーロッパに広まってきたことは周知のとおりであろう。このような思想の一つの中心がブーバーの『われとなんじ』であったことはいうまでもない。しかし、この「われ―なんじ」という言著は決してブーバーの発見でもなければ、また彼の専有物でもないのである。ブーバー自ら指摘しているように(1)、「われ―なんじ」の思想は、あらゆる時代を通して予感されてきたことであり、また言葉としてはすでにヤコービーによって使用され、またフィヒテによっても示唆されている。また、このような思想の先駆者として、フォイエルバッハやジェームズなどをあげることができる。しかし、とくに第一次大戦後、実存的思惟とともに、このような考え方を、真の人間存在の現実を捕えるものとして、正当化する新しい運動が起こってきたのである。以上のような「われ―なんじ」の関係に対する新しい見方は、すでにブーバーと前後して彼とは無関係に、ユダヤ系の哲学者コーヘン、その弟子ローゼンツヴァイク、またその流れを汲むプロテスタントの哲学者エーレンベルクやローゼンシュトック、またカトリック系ではオーストリアの小学校教師エーブナーや、フランスの哲学者マルセルなどによって展開されてきたのである。他方また、一般の哲学界においても、この問題はリット、レヴィット、グリーゼバッハ、またヤスパースなどによって取りあげられている。また、以上のほかに、エーブナーやブーバーの影響の下に、プロテスタントの神学者ゴーガルテン、ハイム、カルベリイ、ブルンナーやバルトなどは、「われ―なんじ」の関係を信仰的現実として受け入れ、キリスト教的観点から新たに理解し直そうと試みている。

ところで、以上のような新しい思想の流れのなかにあって、「われ―なんじ」の問題をもっとも包括的に、かつまたもっとも深く掘り下げて考えたものがブーバーであったといいうるのではなかろうか。たとえば、上述のような哲学思想の流れのなかで、リットは形式社会学の立場から個人と社会の関係を明らかにするのであるが、彼が主として考えているのは他者の了解の問題であったのである（シェーラーなどもまた同様であろう）。またレヴィットにしても人間が日常的生活のなかで相互に関係し合う役割りの問題の解明を主題とし、リットの場合と同様に「われ―なんじ」の真の人格的関係を捕捉するものではない。グリーゼバッハは人間の行為の規準として従来の倫理的原理をすべて拒否し、人間を具体的状況において倫理的に拘束するものは現在的人間の「なんじ」の語りかけのみであるとし、絶対者からの語りかけは回想の独断と考えている。この点、実存的交わりを理性によると考え、超越者と具体者の関係を暗号解読として恣意的なものへと転ずるヤスパースと同様に、神との人格的応答関係なくして、いかにして人間相互の人格関係が成立するかという問題が残されるであろう。この問題は、一面、プロテスタントの神学者によって追求された問題であるが、はたして彼らによって対話の関係が十全に理解されたかどうか、ここにも問題がないわけではない。たとえば、ゴーガルテンは、歴史を「われとなんじの出会い」として規定しながら、他面また歴史を「神の業」であると固持するとき、歴史の対話的性格は失われているのである。次に、ハイムは「われ―なんじ」「われ―それ」の区別を数学的次元の概念で説明し、その体系化を試みたのであるが、その結果ブーバーの考えているような生きた対話が忘れられ、対話についての哲学に終わらざるをえなかったのである。この点は、スウェーデンの神学者カルベリイについても同様であろう。また、ブルンナー、バルトその他多くの神学者は「われ―それ」を人間の罪性と同一視し、また「われ―なんじ」をキリストを通して現われる神の恩恵と見なすのであるが、このような「われ―それ」と「われ―なんじ」の関係の二元化は、かえって神と人間との真の対話的応答性を破壊する結果となると考えられたのである。

では、わが国の思想界において、ブーバーはいかに受け入れられているであろうか。一般に、ブーバーの名前はゴーガルテン、ハイム、ブルンナーなどのプロテスタントの神学者の著作を通して、はやくからわが国の神学界に知られていたのであるが、ユダヤ系の神秘主義的思想家という以上に、彼の思想と対決しようとする機運は十分に熟さなかったようである。筆者の知るかぎりでは、渡辺善太博士がその名著『聖書論』の第二巻『聖書解釈論』(昭和二十九年)のなかで、ブーバーについて論及されているが、これがブーバーについての唯一のまとまった研究であったと思われる。しかし、最近になって、わが国のキリスト教学界でも、ブーバーの真価がようやく理解されつつあることは喜ばしいことといわなければならない。

ところが、哲学界において、ブーバーとの対話ははやくから無縁ではなかったのである。西田幾太郎博士は昭和七年に出版された『無の自覚的限定』という書物のなかで、いわゆる西田哲学の立場から「私と汝」の問題を取りあげ、「私と汝とは互いに弁証法的関係に立つこと」、また「私と汝との関係は最も個物的なるものの具体的関係として歴史的限定を離れてかかる関係が考えられるのではない」ことを明らかにされている。西田博士が直接ブーバーを読まれたかどうか不明であるが、すでにゴーガルテンを通してこのような思想を熟知されていたように考えられる（新版『西田全集』の索引にはブーバーの名は見うけられないが、ゴーガルテンの引用は三箇所ほど出ている）。また、和辻哲郎博士は昭和九年に出版された『人間の学としての倫理学』のなかで、「ドイツの社会学者は『人』と『間』との二語を結合することによって、即ち Zwischen den Menschen 或は Das Zwischenmenschliche という言葉によって、人間的関係を社会とする立場を云い現わしている」と述べられている。すでに言及したように、この言葉はブーバーが最初に用いた言葉といわれているが、和辻博士のドイツの社会学者とは、あるいはブーバーを指していわれているのではないかと思われる。また、博士がブルンナーやゴーガルテンの思想をよく理解されていたことは、昭和九年に発表された論文「弁証法的神学と国家の倫理」（『人格と人格性』昭和十三年、一七一頁以下参照）によっても明らかである。

次に、ブーバーの思想ともっとも密接な関係をもつと考えられるのは波多野精一博士の宗教哲学である。博士は昭和十年発刊の『宗教哲学』のなかで「われ」「あなた」の問題の注において(二二一頁)、ブーバーについて次のように書かれている。「Martin Buber の著書 Ich und Du (1923) は『我と汝』の問題を人に先んじて、しかも最も根本的に論及したものの一であろう。現著者もかれより学び得たことに対し感謝の意を表する。但しこの猶太教の学者は、あまりにギリシア精神の誘惑に身を任かせ過ぎたためか、ついに人間謳歌を脱しきれない、輪廓の不鮮明な一種のロマンティク風な世界観に満足したのは惜しむべきである。『我と汝』の問題より出発した以上、わき目もふらず、愛—道徳—人格の一筋道を前進すべきであったことに彼は気付かずに了った。」今日から考えれば、このような博士のブーバー理解は決して十分であったとはいえないが、博士の宗教哲学はブーバーの立場をさらに追求し、体系化されたものといっても過言ではないように思われる。さらに、浜田与助博士は、波多野宗教哲学の立場に立脚しながら、独自の宗教哲学をうち建て、また道徳に関しても、いわゆる観念論的な「道徳観としての道徳」に対して、「われ—なんじ」の関係に基礎をおく「実在としての道徳」を区別し、今後の道徳の向かうべき方向を指示されたことは卓見といわなければならない(浜田与助著、『波多野宗教哲学』、昭和二十四年、四四九頁以下参照)。また、田中　熙博士も「現実存在と我汝の双歓—実存主義倫理学への序説」という論文において、「われ―なんじ」の関係にもとづく新しい倫理学の建設を提唱されている（田中　熙著、『価値倫理学と実存倫理学序説』、昭和二十四年、一六二頁以下参照）。

さて、わが国において、ブーバーが一般に広く熟知されるようになったのは、主として戦後のことである。彼の主著『われとなんじ』をはじめ、『ユートピアの道』『人間とは何か』の三書が邦訳され、またいくつかの研究論文も発表されている。いまやブーバーは宗教界、思想界はもちろんのこと、教育界や精神病理学などの他の多くの領域にわたって注目の的となりつつあるのである。しかし、今日の日本のように、あまりにも唯物的でありすぎるか、あるいはまた、あまりにも観念的でありすぎる精神的風土のなかにあって、ブーバーの思想がいかに理解されるか、今後に残された問題であろう。しかし、真に主体的な「われ」の確立を目指すべきわが国の思想界が、このような思想と真剣に対決することは、焦眉の急務というべきではなかろうか。

注

I

(1)「狭い尾根」とはブーバーが絶対者に対する彼自身の立場を示す言葉として用いたものであるが、(Problem. S. 132)、フリードマンはこの言葉をブーバーの思想と生活を表わすもっとも適切な言葉と考えている (Friedman, Martin Buber, p. 3)。

(2) たとえば、イディッシ語（ヘブル語・ドイツ語・スラブ語の混合語で、主として東ヨーロッパのユダヤ人の間で使用された）やヘブル語の使用は、ただ彼らの家庭と会堂の礼拝とに限られ、一般の用語としては彼らの居住するそれぞれの国の国語を採用する運動が始められた。また、ヘブル聖書そのものについても、プロテスタント神学者の聖書批評学の影響を受け、その考古学的、言語学的研究への窓が開かれた。その上に、彼らのなかには、自由意志によって、キリスト教に改宗するものも多数あらわれたのである。なお、一般のユダヤ人問題に関する邦語の参考書として次の諸書参照。菅原　憲著『独逸に於ける猶太人問題の研究』、小辻誠祐著『ユダヤ民族』、サルトル著『ユダヤ人』（安藤信也訳）、村松剛著『ユダヤ人』。

(3)「ミドラシュ」とはヘブル語で「研究」という意味であるが、一般にタルムードおよびタルムード以後のヘブル聖書の釈義書を指していうのである。物語・例話・比喩・格言などに富んでいる。ブーバーの祖父は「ミドラシュ」の研究家として著名であった。

(4) ブーバーの妻パウラはムンクの筆名の下に Am lebendigen Wasser ほかいくつかの小説を書いているが、彼女の死後（一九五八年八月）ブーバーは彼女の思い出にそのうち数篇を選び、彼自身の序文をつけて、Geister und Menschen (1961) という書名で出版している。

(5)「シオニズム」とは「シオン」に由来する言葉である。「シオン」はエルサレムの南東部にある丘のことであるが、ダビデがここに契約の箱を移して祭壇をきずき、その後ソロモンがモリヤの山に神殿を建ててから、「シオン」はそれをも含む名称となった。この意味で「シオン」は全ユダヤ人の精神的故郷を指し、離散のユダヤ人もたえずそこに帰ることを念願した。ここからして、「シオニズム」とはユダヤ人の祖国再建のための実践運動を指していうのである。なお、ヘルツルがこの運動の構想について述べた「ユダヤ人の国家」は菅原　憲博士によって邦訳されている（「文化史学」第一六、一七号）。

(6) 「バル・コクバ」はもともとヘブル語で「星の子」を意味し、ハドリアヌス帝のパレスチナ支配に対してほう起した、ユダヤ人の愛国的一揆を指揮した将軍バル・コシバの通称であるが、その愛国的精神にあやかって、この名称を用いたものと思われる。なお、ブーバーの初期の時代のユダヤ精神についての講演は Der Jude und sein Judentum, (1963) のなかに再録されている。

(7) ブーバーのキールケゴール批判については次の諸論文を参照。Ich., S. 93f.; Gottesliebe und Nächstenliebe; Die Frage an den Einzelnen; Problem., II 2; Von einer Suspension des Ethischen. etc.

(8) A letter to Gandhi, in Pointing the Way. 参照。

(9) Hope for this Hour, in Pointing the Way. 参照。

(10) 「パウロ聖堂」(Paulskirche) は一八四八年フランクフルト国民議会の会場となり、その後まもなくドイツ居住のラビ（ユダヤ教の教師）の宗議会のために使用されるようになった。

(11) Das echte Gespräch und die Möglichkeiten des Friedens 参照。

II

(1) ブーバーと「ハシディズム」との関係については、Mein Weg zum Chassidismus, in Hinweise 参照。

(2) 「タルムード」(Talmud) とはヘブル語で「教え」の意味で、一般にはＢＣ二〇〇年ごろからＡＤ五〇〇年ごろまでの間のユダヤ人律法学者の口伝、解釈などを集めたものをいい、ユダヤ教ではヘブル聖書についで権威あるものとされている。これは、モーセの律法を中心とした歴代ラビの解釈を集めた「ミシュナー」(Mishna) と、さらにそれを注解し律法の拡大解釈を試みた「ゲマラ」(Gemara) の部分よりなる。「タルムード」には四世紀末ごろに編集された「エルサレム・タルムード」(Talmud Yerushalmi) と六世紀末ごろまでに編集された「バビロニア・タルムード」(Talmud Babli) があるが、後者がより完璧であり、一般に「タルムード」という時は、これを指すのである。

(3) 「創造神秘説」を代表する文献でもっとも古いものは、三世紀から六世紀の間に書かれたテキストによるといわれる「創造の書」(Sefer Yetsirah) である。その流れを汲むもののうち、もっとも著名なものがここにあげた、Sefer ha-Zohar である。その内容には、フィロンの神秘思想との類似点が多く見いだされるが、はたしてフィロンの直接的影響によるものかどうか不明である。なぜなら、フィロンの影響は、初代キリスト教以外、パレスチナのユダヤ教にいかなる程度及んだか問題が残るからである。なお、「ゾーハル」は「セフィロート」という語の使用をさけている。またユダヤ教神秘説の一般的叙述については最近のものとして、次の諸書を参照。H. Seruya, La Kabbala, Nou. edit., 1947; G. G. Scholem, Major Trends in Jewish Mysticism, 1955; Idem, Ursprug und Anfänge der Kabbala, 1962. また、「カバラ」の思想はルネッサンス期のキリスト教思想にも影響を与えたといわれるが、その関係については、次の書物を参照。E. Benz, Die christliche Kabbala, 1958; F. Secret, Les Kabbalistes chretiens de la renaissance, 1964.

(4) Die Lehre vom Tao, in Hinweise 参照。

Ⅲ

(1) Ich, S. 20f; Utopia, S. 234f. しかし、ブーバーがここで意味していることは、単に人間を「社会的動物」として類的に理解することではなく、共同体をその内部からつくり上げていく内的人格関係としてであることに注意すべきである。

(2) Contra Eutychen et Nestorium, c. 3.
(3) Schrift., S. 276.
(4) Problem., S. 159f.
(5) Urdistanz und Beziehung 参照。
(6) ブーバーは少年時代の思い出として、小馬に対して他者性を見いだした経験を述べている。このような経験が彼をしてはやくから人間と自然との対話の可能性を確信せしめる機縁となったと思われる(Schrift. S. 157f.)。

Ⅳ

(1) Ich. S. 93f.
(2) 以下にあげる論文はそれぞれ Hinweise に再録されている。
(3) 「キブツ」に関する研究書として、M. E. Spiro, Kibbutz, Venture in Utopia (1956), また邦語では山根常男氏の大著『キブツ』(誠信書房)などがあげられる。以下「キブツ」の理解にはこれら両書に負うところ大である。
(4) 「バルフォア宣言」は、第一次大戦中、英国が時の外務大臣バルフォアをして、ユダヤ人国家の建設を好意をもってみ、その目的達成のために最善の努力を払うことを約束せしめた宣言。

Ⅴ

(1) ニーチェの「神は死せり」については『悦ばしき学知』(Die fröhliche Wissenschaft, 1882) 125 参照。
(2) ブーバーのハイデッガー批判は Problem. Ⅱ. 2 のなかにも見いだされる。ここではとくにキールケゴールとの対比において、ハイデッガーが彼を哲学的に世俗化することによって、神に対する、したがってまた人間に対する真の関係性を喪失し、「独語的」なものにならざるをえなかったことを指摘している。

(3) ブーバーは、人間の始祖アダムの犯した罪が、その子孫である人類の全体に及ぶという原罪説に反対する。人間が罪を犯すのは、アダムが犯したように犯すのであって、彼が犯したがゆえに犯すのではない。

(4) Sir H. Read, Education Through Art, pp. 279, 289; Sir F. Clarke, Freedom in the Educative Society, Educational Issues of Today, pp. 53, 67 (Vgl. Reden über Erziehung, S. 8). なお邦文で書かれたブーバーの教育思想に関連した文献には次のようなものがある。松本昭著『〈我―汝〉の教育学』、岡本道雄「出会いと教育」(京大教育学部紀要V)

(5) V. von Weizsäcker, Stücke einer medizinischen Anthropologie, in Die Kreatur, Vol. II, 1927; Idem, Kranker und Arzt, 1928. L. Binswanger, Grundformen und Erkenntnis menschlichen Daseins, 1942. A. Sborowitz, Beziehung und Bestimmung: Die Lehren von Martin Buber und C. G. Jung in ihren Verhältnis zueinander, 1956; C. R. Rogers, Client-Centered Therapy, 1951. なお以上の点に関して次の書参照。M. Friedman, Martin Buber, pp. 184ff. またミシガン大学におけるブーバーとロジャズとの対談については、佐藤幸治博士の編集になる Psychologia, Vol. III. No. 4 (京大) 参照。

(6) V. E. Frankl, Homo Patiens, Versuch einer Pathodizee, 1950 なお、彼にはナチスの強制収容所での体験を書いた『夜と霧』をはじめ多くの邦訳が出版されている。

VI

(1) ブーバーは聖書のこの箇所の「その名はなんというのですか」という言葉について、ヘブル的用法において、「なに」が「名」と結合されている場合、問われているものは、普通の意味における名前ではなく、むしろその名前のなかに示されているもの、あるいはその背後に隠されているものであることを明らかにしている。また、ここでその答えとして述べられている「有」のヘブル原語「ハーヤー」の意味については、有賀鉄太郎博士がはやくから注目され、ギリシア的「オントロギア」に対して、ヘブル的「ハヤトロギア」の立場を確立されたことは特筆すべきであろう。

(2) 反ユダヤ主義の思想がいかなる理由で広まってきたか複雑であるが、根本的にはユダヤ人と異邦人との間に横たわる宗教上、生活上の徹底的差別感にもとづくものであろう。このような思想は、すでに古代ペルシアのユダヤ人の状態を書いたモルデカイとエステルの物語（エステル記）や、またＢＣ二世紀ごろのアレクサンドリアのユダヤ人の状態について述べた第三マカベア書などに現われている。キリスト教との関係については、周知のように、イエスとその追従者たちはユダヤ教側からはげしい迫害を受けたが、その後キリスト教がローマで公認されて以来、その関係は逆転した。パウロはユダヤ人の罪過によって救いが異邦人に及んだと考えたが（ローマ一一章参照）、その後ユダヤ人の受難は彼らの受くべき神の当然の裁きであると考えられていた。しかし、今日これら両者の間に真の和解の気運が広まりつつあることは、まことによろこばしきことといわなければならない。

(3) M. L. Diamond, Martin Buber: Jewish Existentialist, p. 173f. H. U. von Balthasar, Einsame Zwiesprache. Martin Buber und das Christentum, 1958. 参照

(4) P. Tillich, An Evaluation of Martin Buber: Protestant and Jewish Thought, in Theology of Culture, 1959, pp. 188, 199.

むすび

(1) vgl. Schrift., Nachwort, S. 287f. なお、ブーバーのあげている「われ—なんじ」関係の文献は次のとおりである。

L. Feuerbach, Grundsätzen der Philosophie der Zukunft, 1843.

W. James, The Will to Believe, 1897.

H. Cohen, Religion der Vernunft aus den Quellen des Judentums, 1919.

F. Rosenzweig, Stern der Erlösung, 1921.
H. Ehrenberg, Disputation I Fichte, 1923.
E. Rosenstock, Angewandte Seelenkunde, 1924.
F. Ebner, Das Wort und die geistigen Realitäten, 1921.
G. Marcel, Journal métaphysique, 1927.
F. Gogarten, Ich glaube an den dreieinigen Gott, 1926; Glaube und Wirklichkeit, 1928.
K. Heim, Glaube und Denken, 1931.
J. Cullberg, Das Du und die Wirklichkeit, 1933.
E. Brunner, Der Mensch in Widerspruch, 1937; Wahrheit als Begegnung, 1938.
K. Barth, Kirchliche Dogmatik, III 2, Die Lehre von Schöpfung, 1948.
Th. Litt, Individuum und Gemeinschaft, 1924.
K. Löwith, Das Individuum in der Rolle des Mitmenschen, 1928.
E. Griesebach, Gegenwart, 1928.
K. Jaspers, Philosophie, II und III, 1932.

略年譜

一八七八年　二月八日ウィーンで生まれる。
一八八一年　三歳のとき、両親の離婚のため、祖父ソロモン・ブーバーに引きとられ、レンベルクの祖父の家に移る。九歳のころから近隣に住む父親のもとで毎夏をおくる。ここで「ハシディズム」との接触が始まる。
一八八八年　その土地の「フランツ・ヨーゼフ・ギムナージウム」に入学。
一八九二年　父親のもとに帰る。カントやニーチェを読み、哲学的問題で苦しむ。
一八九六年　ウィーンで大学生活を始め、その後ライプチヒ、チューリヒなどの諸大学を経、さらにベルリン大学でディルタイ、ジンメルなどに師事。また、神秘主義の研究に従事す。
一八九七年　第一回シオニスト会議に出席。
一九〇一年　シオニストの機関誌 Die Welt の編集に参加。その後、「ユダヤ出版社」を設立す。また、政治的シオニズム運動と決別、「ハシディズム」の再発見、またフォイエルバッハ、キールケゴールとの対決を通して、「われとなんじ」の思想確立の端緒が開かれる。
一九一六年　精神的シオニズム運動の機関誌として Der Jude を発刊。ユダヤ系ドイツ人の間で指導的役割を果たす。一九二四年まで続く。
一九二三年　主著『われとなんじ』を出版。フランクフルト大学に新設講座ユダヤ哲学の教授として招かれる。
一九二五年　ローゼンツヴァイクとともにヘブル聖書の翻訳を始める。また、彼によって創設された「自由ユダヤ学園」に協力し、ユダヤ系ドイツ人の成人教育のために尽くす。

一九二六年　ウィティヒやフォン・ヴァイツゼッカーなどとともに Die Kreatur 誌を発刊。宗教的観点から社会問題・教育問題その他をとりあげる。一九三〇年まで続く。
一九三三年　ナチス政権の誕生とともに教職から追放される。「自由ユダヤ学園」の主事となり、ナチス政権下のユダヤ人子弟の教育に尽くす。
一九三八年　ドイツを去り、パレスチナに移住、ヘブル大学の社会哲学の教授となる。ユダヤ人とアラブ人との紛争に心を痛め、彼ら両者の二重国家論を提唱。
一九四八年　国連の援助の下に、「イスラエル共和国」の建国なる。
一九四九年　イスラエル移住者のための教師養成機関を創設。一九五三年までその責任者となる。
一九五一年　ヘブル大学定年退職。米国ニューヨーク市にあるユダヤ神学校（Jewish Theological Seminary）の招きにより、初めて米国を訪問、諸大学で講演し、多大の感銘を与える。
一九五二年　ハンブルク大学からハンザ・ゲーテ賞を受く。
一九五三年　ドイツ図書組合から平和賞を受く。また、一九五四年にかけてヨーロッパ諸大学で講演。オランダではユリアナ女王から招待される。
一九五七年　二度目のアメリカ訪問。
一九五八年　二月八日、アメリカにて八〇歳の誕生日を迎う。賀寿記念献呈論文集出版。八月十一日、アメリカからの帰途ヴェニスで、妻パウラ客死す。
一九六〇年　イスラエル国立科学アカデミー初代総裁に選ばれる。
一九六三年　オランダから、ヨーロッパ文化への貢献に対して、エラスムス賞が贈られる。
一九六五年　六月十三日、エルサレムの自宅で八七歳の生涯を終わる。

著書・研究書

A）著作

Werke I Schriften zur Philosophie, 1962.
(全集)
II Schriften zur Bibel, 1964.
III Schriften zum Chassidismus, 1963.

Der Jude und sein Judentum: Gesammelte Aufsätze und Reden, 1963.
(以上の全集にもれたユダヤ精神関係の諸論文が集められている)

Nachlese, 1965.
(以上にもれた小篇を集めたもの。死後出版)

Die Schrift. 4Bde.
(ローゼンツヴァイクとともに始めたヘブル聖書の翻訳)

なお，ブーバーの著作はその一部を除いて大部分が英訳されているが，ここには省略する。

B）引用略号

Ich und Du (Neuausgabe), 1958.	Ich.
Die Schriften über das dialogische Prinzip.	Schrift.
Das Problem des Menschen.	Problem.
Pfade in Utopia.	Utopia.
Eclipse of God (Deut., Gottesfinsternis).	Eclipse.
Bilder von Gut und Böse.	Bilder.

Die chassidische Botschaft.	Botschaft.
Königtum Gottes.	Königtum.
Der Glaube der Propheten.	Glaube.
Zwei Glaubensweisen.	Zwei.
Recht und Unrecht.	Recht.
An der Wende.	Wende.
Der Jude und sein Judentum.	Jude.

C） 生誕80年記念献呈論文集

P.A. Schilpp and M. Friedman, The Philosophy of Martin Buber, 1958.

Idem, Martin Buber, 1963. (以上のドイツ語版，多少の変更あり)

D） ブーバーに関する研究書（最近のもの）

H.U. von Balthasar, Einsame Zwiesprache: Martin Buber und das Christentum, 1958.

A. Cohen, Martin Buber, 1957.

M.L. Diamond, Martin Buber: Jewish Existentialist, 1960.

W. Faber, Das dialogische Prinzip Martin Bubers und das erzieherische Verhältnis, 1962.

M.S. Friedman, Martin Buber: The Life of Dialogue, 1955.

W. Grünfeld, Der Begegnungscharakter der Wirklichkeit in Philosophie und Pädagogik Martin Bubers, 1965.

F.F. von Hammerstein, Das Messiasproblem bei Martin Buber, 1958.

H. Kohn, Martin Buber: Sein Werk und seine Zeit (Zweite Auflage), 1961.

B. Lang, Martin Buber und das dialogische Leben, 1963.

P.E. Pfuetze, The Social Self, 1954.

M. A. Sainio, Pädagogisches Denken bei Martin Buber, 1955.

A. Sborowitz, Beziehung und Bestimmung: Die Lehren von Martin Buber und C. G. Jung in ihrem Verhältnis zueinander, 1956.

J. E. Seiffert, Das Erzieherische in Martin Bubers chassidischen Anekdoten, 1963.

E）日本語訳

1 Ich und Du.

野口啓祐訳『孤独と愛』(創文社, 昭和 34 年)

植田重雄訳『人間の復興』(河出書房, 昭和 39 年)
(Shrift. 中の「対話」を含む)

2 Pfade in Utopia.

長谷川進訳『もう一つの社会主義』(理想社, 昭和 34 年)

3 Das Problem des Menschen.

児島洋訳『人間とは何か』(理想社, 昭和 36 年)

あとがき

本書は、本シリーズの趣旨にしたがって、ブーバーの語ろうとするところを、全体的にできるだけわかりやすく解説することを目的とした。したがって、ここではブーバーの提起する問題を深く掘りさげるというよりも、むしろ彼の主著にしたがって、その思想の全容を広く展望することに心がけた。しかし、かえってそのことのために、ブーバーのふかい精神的生命が平板化され、傷つけられる結果に陥ったのではないかと心配する次第である。ブーバーを知るためには、彼の著作のうちどれでも一つを取りあげ、そのなかにふかく沈潜し、自らブーバーと語り合う以外に、いかなる他の方法もありえないであろう。本書は、いわば粗雑な案内図のようなものにすぎないが、ブーバーと直接の対話を志す人々にとって、多少とも指針の役割を果たすことができれば望外の幸いである。

筆者は多年ユダヤ人フィロンの研究に従事してきたが、フィロンがヘブライズムとヘレニズムとの対話を試みたように、ブーバーの課題もまたその現代版ともいうべき、信仰と文化との対話の問題にあったとみるべきであろう。この意味では、ブーバーを現代のフィロンと呼んでもけっしていいすぎではない。このブーバーの問題意識は、現代文化の根本問題として、今後の若い世代によって継承、発展されるべきであろう。しかし、ブーバーの思想は、わが国の一般の精神界にとって、一面共鳴をよぶ多くの共通点をもちながらも、他面その基礎となる「永遠のなんじ」「人格」などの概念については、そのままなおに受容しえない異質性が感じられるであろう。しかし、この異質性こそ、一般に汎神論的思惟になれているわが国の精神界がもっとも真剣に対決すべき根本問題であるといわなければならない。ブーバーの思想が、わが国において他の多くの外来思想がそうであったように、一時のつまみ食い的な流行に終わらないことを希望してやまない。

昨年六月のブーバーの死にあいついで、シュヴァイツァー、ティリッヒ、クレーマー、ブルンナーなどのキリスト教界の巨星を失ったことは、世界の精神界にとって一大痛恨事といわなければならない。筆者もブーバーの生前に、一度機をえて直接に教えを受けたいと願ったが、昨年三月末ヨーロッパからの帰途、エルサレムに彼を訪問された京大の武藤一雄教授から、彼の様子を詳しくうかがうことができたのがせめてもの慰めであった。

本書の執筆にあたり、大塚節治、浜田与助、有賀鉄太郎、菅原　憲の諸先生から賜わった学恩に対して心からの感謝の意を表したい。筆者がはやくからブーバーに関心をいだくようになったのは大塚、浜田両先生のご指導によるものであり、また有賀先生からはヘブル思想、菅原先生からは近代のユダヤ人問題について多々ご教導をいただいた。また、本書執筆の機縁をつくり、怠惰な筆者をつねに激励してくださった畏友、東神大の高崎　毅教授に対してもあつくお礼申し上げたい。とりわけ、大塚先生と高崎兄には、ご多忙のなかにもかかわらず、拙稿を入念にみていただき、有益なかずかずのご教示をいただいたことは感謝のほかはない。しかし、本書の内容についての責任はすべて筆者に帰することはもちろんである。なお、巻末にあげたブーバーに関する海外の研究書には一通り目を通したが、とくにフリードマンやコーンに多く教えられたことを付記しておく。最後に、本書出版のために一方ならぬご配慮をいただいた教団出版部のかたがたに対して心からの謝意を表して、かく筆したいと思う。

一九六六年四月二十五日

京都にて

平　石　善　司

ブ ー バ ー　　人と思想シリーズ

1966 年 7 月 5 日　初版発行

著　者　平 石 善 司

日本基督教団
発行者　佐 伯　倹

本文印刷　三秀舎　カバー印刷　伊坂美術印刷所　製本　市村製本所

発行所　日本基督教団出版部　東京都中央区銀座4の2
振替　東京145610

本書は前記奥付に表示した書籍を底本とする復刻版です。

平石善司《ひらいしよしもり》

1912年、広島県に生まれる。
同志社大学神学科、広島文理大学哲学科卒業。
1955―56年、米国ユニオン神学校留学。
現在、同志社大学文学部名誉教授。
　　文学博士。

ブーバー　人と思想シリーズ（オンデマンド版）

2006年２月10日　発行

著　者　平　石　善　司
発行所　日本キリスト教団出版局
169-0051　東京都新宿区西早稲田２丁目３の18
電話・営業03（3204）0422，編集03（3204）0424
振替 00180-0-145610
印刷・製本　株式会社　デジタル パブリッシング サービス
162-0812　東京都新宿区五軒町11-13
電話03（5225）6061，FAX03（3266）9639

ISBN4-8184-5058-8　C1016　日キ販
Printed in Japan